D1754058

Sonja Schneider

Social Media – der neue Trend in der Personalbeschaffung

Aktive Personalsuche mit Facebook, Xing & Co.?

Diplomica® Verlag GmbH

Schneider, Sonja: Social Media – der neue Trend in der Personalbeschaffung: Aktive Personalsuche mit Facebook, Xing & Co.? Hamburg, Diplomica Verlag GmbH 2012

ISBN: 978-3-8428-6142-8
Druck: Diplomica® Verlag GmbH, Hamburg, 2012

Bibliografische Information der Deutschen Nationalbibliothek:
Die Deutsche Nationalbibliothek verzeichnet diese Publikation in der Deutschen Nationalbibliografie; detaillierte bibliografische Daten sind im Internet über http://dnb.d-nb.de abrufbar.

Die digitale Ausgabe (eBook-Ausgabe) dieses Titels trägt die ISBN 978-3-8428-1142-3 und kann über den Handel oder den Verlag bezogen werden.

Dieses Werk ist urheberrechtlich geschützt. Die dadurch begründeten Rechte, insbesondere die der Übersetzung, des Nachdrucks, des Vortrags, der Entnahme von Abbildungen und Tabellen, der Funksendung, der Mikroverfilmung oder der Vervielfältigung auf anderen Wegen und der Speicherung in Datenverarbeitungsanlagen, bleiben, auch bei nur auszugsweiser Verwertung, vorbehalten. Eine Vervielfältigung dieses Werkes oder von Teilen dieses Werkes ist auch im Einzelfall nur in den Grenzen der gesetzlichen Bestimmungen des Urheberrechtsgesetzes der Bundesrepublik Deutschland in der jeweils geltenden Fassung zulässig. Sie ist grundsätzlich vergütungspflichtig. Zuwiderhandlungen unterliegen den Strafbestimmungen des Urheberrechtes.

Die Wiedergabe von Gebrauchsnamen, Handelsnamen, Warenbezeichnungen usw. in diesem Werk berechtigt auch ohne besondere Kennzeichnung nicht zu der Annahme, dass solche Namen im Sinne der Warenzeichen- und Markenschutz-Gesetzgebung als frei zu betrachten wären und daher von jedermann benutzt werden dürften.

Die Informationen in diesem Werk wurden mit Sorgfalt erarbeitet. Dennoch können Fehler nicht vollständig ausgeschlossen werden, und der Diplomica Verlag, die Autoren oder Übersetzer übernehmen keine juristische Verantwortung oder irgendeine Haftung für evtl. verbliebene fehlerhafte Angaben und deren Folgen.

© Diplomica Verlag GmbH
http://www.diplomica-verlag.de, Hamburg 2012
Printed in Germany

Inhalt

Inhalt I

Abbildungsverzeichnis III

Abkürzungsverzeichnis V

1 Einleitung 1
   1.1 Ausgangssituation und Problemstellung 1
   1.2 Ziel der Arbeit 3
   1.3 Methodisches Vorgehen bei der Arbeit 3
   1.4 Aufbau und Struktur der Arbeit 3

2 Traditionelle Methoden des Recruitings 4
   2.1 Der Personalbeschaffungsprozess 4
   2.2 Methoden der traditionellen Personalbeschaffung 5
      2.2.1 Die Arbeitsvermittlung 6
      2.2.2 Printmedien 7
      2.2.3 Personalleasing 8
      2.2.4 Personalberater 8
      2.2.5 Headhunter 9
      2.2.6 Hochschulmarketing 9
   2.3 Defizite der traditionellen Personalbeschaffung 11

3 Das Internet als Instrument der Personalbeschaffung 13
   3.1 Die klassischen Internetansätze – E-Recruiting 13
      3.1.1 Der Wandel des Personalbeschaffungsprozesses durch das Internet 14
      3.1.2 Motive und Ziele des Einsatzes von E-Recruiting 15
      3.1.3 Methoden des E-Recruitings 17
         3.1.3.1 Online Jobbörsen 17
         3.1.3.2 Die Unternehmenshomepage 19
         3.1.3.3 Die Bewerberhomepage 23
         3.1.3.4 Virtuelle Recruiting-Messen 24
   3.2 Social Media in der Personalbeschaffung 25
      3.2.1 Motive und Ziele des Einsatzes von Social Media 25
      3.2.2 Geeignete Social Media Plattformen für die Personalbeschaffung 27
         3.2.2.1 Blogs 27

3.2.2.2	Microblogging	29
3.2.2.3	Businessnetzwerke	33
3.2.2.4	Soziale Netzwerke	36
3.2.2.5	Video, Podcast, Bilder	39
3.2.3	Verifizierung von Kandidaten	42
3.2.4	Aktive Kandidatensuche	43

4 Empirische Analyse 51

4.1 Vorstellung der Kommunikationsbranche 51

4.2 Konzeption und Durchführung der Untersuchung 53

4.3 Auswertung der empirischen Befunde 54

4.4 Ergebnisse 57

5 Entwicklung eines Recruiting-Mix für die Agentur Roth & Lorenz 59

5.1 Die Agentur Roth & Lorenz 59

5.2 Definition der Zielgruppe 60

5.3 Personalbeschaffungsmaßnahmen bei Roth & Lorenz 62

5.4 Recruiting-Mix für die künftige Personalbeschaffung 63

5.4.1	Traditionelle Personalbeschaffung	64
5.4.1.1	Printmedien	64
5.4.1.2	Hochschulmarketing	66
5.4.2	E-Recruiting	68
5.4.2.1	Homepage	68
5.4.2.2	Online Jobbörsen	71
5.4.3	Social Media	73

6 Zusammenfassung und Fazit 75

Literatur 77

Anhang 87

Anhang A: Empirische Studie A-1

Anhang B: Die Agentur Roth & Lorenz A-10

Abbildungsverzeichnis

Abbildung 1: Altersaufbau der Bevölkerung in Deutschland 1

Abbildung 2: Der Personalbeschaffungsprozess 5

Abbildung 3: Der Online-Personalbeschaffungsprozess 14

Abbildung 4: Die kommerzielle Jobbörse monster.de 17

Abbildung 5: Geeignete Social Media Plattformen für die Personalbeschaffung 27

Abbildung 6: Personalbeschaffung mit Twitter 33

Abbildung 7: Nutzung von Social Media nach Altersklassen 37

Abbildung 8: Erweiterte Suche bei Xing 47

Abbildung 9: Stellenwert der Methoden des E-Recruitings 55

Abbildung 10: Personalbeschaffung bei Roth & Lorenz 62

Abbildung 11: Verweisstruktur der neuen Personalbeschaffungsmethode 64

Abbildung 12: Spezifische Stellenanzeige 65

Abbildung 13: Positionierung als Arbeitgebermarke 66

Abbildung 14: Grundstruktur der Homepage von Roth & Lorenz 68

Abbildung 15: facebook-Infobox 69

Abbildung 16: Spezifische Jobbörse berufsstart.de 72

Abbildung 17: Demographie der facebook-Nutzer in Deutschland 73

Abbildung 18: Mitarbeiterplanung für die nächsten 3 Jahre (Angaben in %) A-5

Abbildung 19: Stellenwert der klassischen Methoden der Personalbeschaffung A-6

Abbildung 20: Vorteile in der Nutzung von Social Media A-6

Abbildung 21: Kanäle zur Ansprache der Auszubildenden A-7

Abbildung 22: Kanäle zur Ansprache der Studenten und Young Professionals A-7

Abbildung 23: Kanäle zur Ansprache der festen Mitarbeiter A-8

Abbildung 24: Kanäle zur Ansprache der Führungskräfte A-9

Abkürzungsverzeichnis

AC   Assessment Center

BA   Bundesagentur für Arbeit

FME   Forum Marketing-Eventagenturen

GWA   Gesamtverband der Kommunikationsagenturen

1 Einleitung

1.1 Ausgangssituation und Problemstellung

Der demografische Wandel in Deutschland führt zu einer erhöhten Wettbewerbssituation zwischen Unternehmen, da die Altersgruppe der unter 20-Jährigen aufgrund des Geburtenrückgangs abnimmt. (Vgl. Abb.1)

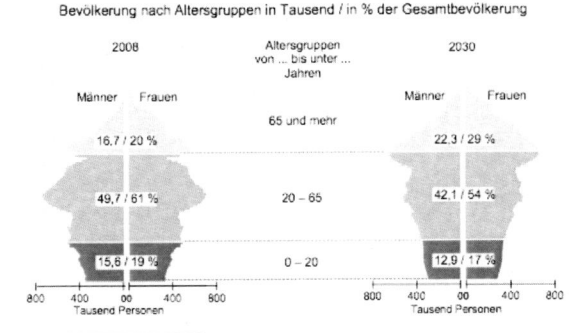

Bevölkerung nach Altersgruppen in Tausend / in % der Gesamtbevölkerung

2008	Altersgruppen von ... bis unter ... Jahren	2030
Männer Frauen		Männer Frauen
16,7 / 20 %	65 und mehr	22,3 / 29 %
49,7 / 61 %	20 – 65	42,1 / 54 %
15,8 / 19 %	0 – 20	12,9 / 17 %

1 2030 Ergebnisse der 12. koordinierten Bevölkerungsvorausberechnung (Variante Untergrenze der „mittleren" Bevölkerung)

Abbildung 1: Altersaufbau der Bevölkerung in Deutschland[1]

Diese Entwicklung führt langfristig zu einem Nachwuchskräftemangel für Unternehmen und stellt deren Personalabteilungen vor neue Herausforderungen. Besonders die Zielgruppe der Hochschulabsolventen als Nachwuchskräfte ist sehr gefragt. Der Wettstreit um die wenigen Bewerber wird als „War of Talents"[2] bezeichnet. Talentierte Nachwuchskräfte sind heute nicht mehr einzig über das traditionelle Schalten von Stellenanzeigen in Printmedien zu erreichen. Die jetzigen Hochschulabsolventen gehören der Generation Y[3] an. Sie zeichnet sich vor allem dadurch aus, dass sie als erste Generation mit der digitalen

---

[1] Vgl. Statistische Ämter des Bundes und der Länder 2011, S.24

[2] Vgl. Kürn 2009, S. 148

[3] Der Begriff Generation Y wird synonym mit den Begriffen Millenials, Digital Natives oder Net Geners verwendet und bezeichnet die Geburtenjahrgänge zwischen 1981 und 2000, vgl. Bernauer et al. 2011, S. 37

Technik aufwächst und sicher mit ihr umgeht. Demnach unterscheidet sich die Zielgruppe in ihrem Mediennutzungsverhalten von den früheren Generationen und das Internet wird zu einem wichtigen Instrument für die Ansprache der Generation Y. Seit 2004 ermöglicht das Web 2.0 den Nutzern an den Inhalten mitzuwirken und mit anderen Menschen zu kommunizieren. So sind laut einer Studie des Bundesverbandes für Informationswirtschaft, Telekommunikation und neue Medien e.V. (BITKOM) 96% aller unter 30-Jährigen in Deutschland in sozialen Netzwerken aktiv.[4] Einige Unternehmen reagieren bereits auf die Entwicklung und nutzen das Internet für die Schaltung von Stellenanzeigen in bekannten Online Jobbörsen in der Hoffnung geeignete Bewerber zu finden. Dahingegen versuchen andere Unternehmen unter Berücksichtigung von Social Media mit potenziellen Bewerbern in Dialog zu treten. Social Media bezeichnet eine Kommunikationsform, bei der Erfahrungen und Informationen auf Online-Plattformen geteilt oder mit anderen Nutzern Diskussionen geführt werden können.[5] Bisher sind vor allem Großunternehmen mit eigenen Seiten im Internet auf der Suche nach Bewerbern und vernetzen die Unternehmenshomepage mit einer eigenen Social Media Seite. Zu den Vorreitern zählt beispielsweise die *Bertelsmann AG*, die mit ihrer Recruiting-Kampagne „Create your own career" die Chancen und Möglichkeiten der neuen Kommunikationskanäle aufzeigt. Neben den klassischen Anzeigen in Printmedien, kamen Web 2.0 Anwendungen, wie Videos und Blogs, zum Einsatz, wobei sich die Kampagne auf Social Media Plattformen fortsetzte. Die *Bertelsmann AG* hat es verstanden ihre Zielgruppe dort anzusprechen, wo sie sich in ihrer Freizeit aufhält. Neben dem Hauptziel Nachwuchskräfte zu finden, konnte sich die *Bertelsmann AG* mit der erfolgreichen Integration von Web 2.0 Anwendungen als attraktiver Arbeitgeber positionieren.[6] Dies ist nur ein erfolgreiches Beispiel der Personalgewinnung mit neuen Medien. Nachdem die Personalabteilungen bisher vor allem das Potential der traditionellen Personalwerbung ausschöpfen, ist noch offen welche Bedeutung das Internet mit seinen Social Media Angeboten in der Personalbeschaffung einnimmt und welche Chancen sich daraus für mittelständische Unternehmen im Bereich Employer Branding ergeben.

---

[4] Vgl. Berg 2011, S.2

[5] Vgl. Heymann-Reder 2011, S. 18

[6] Vgl. zu diesem Abschnitt Hesse 2009, S. 213 f.

1.2 Ziel der Arbeit

Das Ziel der Arbeit ist es, neue Erkenntnisse darüber zu bekommen, wie die Kommunikationsbranche die Medien für die Personalbeschaffung nutzt. Die Ergebnisse daraus bilden die Grundlage für die Entwicklung des Recruiting-Mix für die Agentur Roth & Lorenz, bei dem die einzelnen Personalbeschaffungsmaßnahmen zu einer Gesamtstrategie vernetzt werden.

1.3 Methodisches Vorgehen bei der Arbeit

Neben der Darstellung der theoretischen Grundlagen der Personalbeschaffung und deren Entwicklung wird eine empirische Studie durchgeführt. Der theoretische Teil gliedert sich in die Entwicklungsstufen des Recruitings. Im praktischen Teil der Arbeit werden die Personalbeschaffungsmaßnahmen von Unternehmen und Agenturen durch eine Befragung der Personalleiter analysiert. Dabei sind diese in derselben Branche tätig wie die Agentur Roth & Lorenz. Die Geschäftsleitungen der Verbände FME und GWA verschicken dazu den Fragebogen an die jeweiligen Mitglieder. Mithilfe der Ergebnisse der Fragebögen wird eine Strategie für die Personalbeschaffung mittelständischer Unternehmens abgeleitet.

1.4 Aufbau und Struktur der Arbeit

Die Arbeit gliedert sich in insgesamt fünf Kapitel. Nach der Einleitung beschreibt der Autor in Kapitel 2 die Grundlagen der traditionellen Personalbeschaffung und geht auf deren Methoden ein. Nach der Vorstellung der Instrumente erfolgt die Analyse der Defizite des klassischen Recruitings.

Im dritten Kapitel wird die Weiterentwicklung der Personalbeschaffung durch das Internet untersucht und die neuen Möglichkeiten des Recruitings evaluiert. Dabei werden vor allem die Social Media Dienste vorgestellt und deren Eignung für die Personalbeschaffung aufgezeigt.

Mit einer empirischen Studie wird im vierten Kapitel der heutige Stand der Nutzung von Social Media in der Personalbeschaffung dargestellt, sowie die Potenziale dieser neuen Recruiting-Instrumente analysiert.

Das abschließende Kapitel legt den Schwerpunkt auf das mittelständische Unternehmen Roth & Lorenz und deren Zielgruppe. Anhand der neugewonnen Erkenntnisse aus Theorie- und Praxisteil wird ein Recruiting-Mix für das Unternehmen unter Berücksichtigung der definierten Zielgruppe ausgearbeitet.

2 Traditionelle Methoden des Recruitings

2.1 Der Personalbeschaffungsprozess

Die Personalsuche und Personalbeschaffung[7] folgt auf die Personalplanung, bei der die Verantwortlichen den quantitativen Bedarf und das Anforderungsprofil festlegen. Für die Personalbeschaffung existieren zwei Arten, bei denen die Personalabteilung nach Herkunft der Kandidaten unterscheidet. Einerseits kann sie die freie Stelle mit eigenem Personal besetzen, andererseits kann die externe Suche nach Kandidaten über die Artikulation des Personalbedarfs in der Öffentlichkeit erfolgen.

In der Phase der Personalsuche bestimmt die Personalabteilung sowohl den Beschaffungsweg, als auch die Medien, in denen sie die Stellenausschreibung platziert.[8] Die Personalabteilung veröffentlicht den Personalbedarf beispielsweise in einer Stellanzeige in einem Printmedium. Auf diese Stellenanzeige bewerben sich meist mehrere Kandidaten, deren Bewerbungsunterlagen in der Personalauswahl eingehend analysiert und auf Eignung der ausgeschriebenen Stelle geprüft werden. Hierbei werden Bewerber selektiert, die dem Anforderungsprofil nicht entsprechen und erhalten von der Personalabteilung ihre Bewerbung mit einer Absage zurück. Dagegen bekommen aussichtsreiche Bewerber eine schriftliche oder telefonische Einladung zu einem Vorstellungsgespräch im Unternehmen.[9] Während dem Vorstellungsgespräch kann das Unternehmen den Kandidaten auf dessen Eignung prüfen und seine Fähigkeiten in Fallstudien testen. So erkennt das Unternehmen die Arbeitsweise des potenziellen Mitarbeiters, sowie seine Fachkenntnisse und kann einschätzen, ob eine Einstellung in Frage kommt. Gleichzeitig lernt der Bewerber das Unternehmen und die Aufgaben kennen, die ihn erwarten. Dies kann eine Fluktuation verhindern.[10] Nach den Gesprächen erfolgt eine erneute Prüfung der Kandidaten, aus der die Personalabteilung ihre Entscheidung für einen Bewerber trifft, der einen Arbeitsvertrag erhält.[11] (Vgl. Abb.2)

---

[7] Der Begriff Personalbeschaffung wird synonym mit den Begriffen Recruiting oder Recruitment verwendet.

[8] Vgl. Knapp 2010, S.37 ff.

[9] Vgl. Beck 2002, S.18ff.

[10] Vgl. Hauer u.a. 2002, S.83

[11] Vgl. Beck 2002 , S.18 ff.

Der Personalbeschaffungsprozess

Personalplanung → Personalsuche intern/extern → Personalauswahl → Bewerbungsgespräch → Personaleinsatz

Abbildung 2: Der Personalbeschaffungsprozess[12]

2.2 Methoden der traditionellen Personalbeschaffung

Der Begriff der traditionellen Personalbeschaffung bezeichnet die Bedarfsdeckung mit herkömmlichen Methoden, das heißt ohne digitale Technik. Hierbei haben die Personalabteilungen die Möglichkeit selbst aktiv zu suchen, wie dies beispielsweise Unternehmen beim Schalten einer Stellenanzeige umsetzen.[13] Unternehmen suchen aktiv, wenn ein konkreter Personalbedarf besteht. Die Wahl der Ansprache ist unter anderem abhängig von der Zielgruppe, das heißt ein Manager wird gezielt über ein anderes Medium erreicht als ein Arbeiter.[14]

Die Auswahl des Beschaffungsweges ist das Resultat der Arbeitsmarktforschung, bei der sich das Unternehmen beispielsweise Informationen über die Zielgruppe und deren Mediennutzung beschafft, um die Streuverluste bei der Ansprache gering zu halten.[15] Die Kommunikation des Unternehmens sollte in jedem Fall mit dessen Kultur und Image stimmig sein.[16]

Ziel der Personalabteilung ist eine genügend hohe Anzahl an Bewerbungen zu erhalten, um eine qualifizierte Auswahl treffen zu können. Gleichzeitig muss die Personalabteilung mit ihrer Stellenausschreibung dafür sorgen, dass sich nicht zu viele Arbeitssuchenden auf die Stelle bewerben, um den Aufwand in der Selektionsphase gering zu halten.[17]

---

[12] Vgl. Knapp 2010, S.37, leicht modifiziert

[13] Vgl. Knapp 2010, S. 49

[14] Vgl. Geschwill u.a. 2002, S.87

[15] Vgl. Ahlers 1994, S.62

[16] Vgl. Hauer u.a. 2002, S.71

[17] Vgl. Ahlers 1994, S.63

Des Weiteren können Unternehmen einen passiven Beschaffungsweg wählen, bei der es eine abwartende Haltung einnimmt und auf Initiativbewerbungen reagiert.[18] Dieser Beschaffungsweg ist meist auf Personalimagewerbung zurückzuführen, bei der das Unternehmen sich als Arbeitgeber präsentiert.[19] Er eignet sich vor allem bei namhaften Unternehmen.[20]

Das Unternehmen kann bei der Auswahl der Methoden den Erfolg des jeweiligen Beschaffungsweges anhand mehrerer Merkmale messen. Zum einen ist die Reichweite ein Kriterium für die Wahl der Methode. Sie beschreibt wie viele potenzielle Bewerber mit dem gewählten Medium erreicht werden, wobei damit eine Analyse einhergeht welchen Anteil die anvisierte Zielgruppe ausmacht. Das Unternehmen muss außerdem den Zeitfaktor bei der Auswahl beachten. Ist die Besetzung der freien Stelle dringend, ist eine direkte Ansprache der Zielgruppe zu bevorzugen. Des Weiteren hat das Unternehmen bei der Auswahl die anfallenden Kosten für eine Stellenbesetzung im Hinblick auf die Erfolgsaussichten des Mediums zu berücksichtigen.[21]

2.2.1 Die Arbeitsvermittlung

Die Arbeitsvermittlung schafft eine Verbindung zwischen Arbeitssuchenden und potenziellen Arbeitgebern. In Deutschland übernimmt diese Funktion die Bundesagentur für Arbeit (BA). Das Unternehmen meldet der BA die vakanten Stellen, woraufhin diese das Anforderungsprofil mit den zur Verfügung stehenden Qualifikationen der Bewerber abgleicht. Die Arbeitsvermittler leiten die jeweilige offene Arbeitsstelle an die ausgewählten Arbeitnehmer weiter.[22] Neben der Vermittlung informiert die BA beispielsweise die Arbeitssuchenden über Weiterbildungsmaßnahmen und hilft diesen beim Verfassen ihrer Bewerbungsunterlagen. Das Ziel dieser Maßnahmen ist eine Verringerung der Arbeitslosigkeit.[23] Das Schalten der Stellenanzeigen bei der nationalen Stellenbörse der BA ist für Unternehmen kostenlos. Auf Wunsch der Unternehmen veröffentlicht die BA die Anzeige ebenfalls im Internet wodurch die Reichweite vergrößert wird. Jedoch erreicht das Stellenan-

---

[18] Vgl. Knapp 2010, S.49

[19] Vgl. Ahlers 1994, S.64

[20] Vgl. Eisele 2006, S.43

[21] Vgl. Eisele 2006, S.27 f.

[22] Vgl. Kropp 2001, S.247

[23] Vgl. Knapp 2010, S.55

gebot auf diesem Weg meist arbeitslose Menschen, die den Anforderungen und gewünschten Qualifikationen des Unternehmens möglicherweise nicht gerecht werden.[24]

2.2.2 Printmedien

Eine Vielzahl von Unternehmen nutzen Printmedien, um ihre vakanten Stellen zu veröffentlichen. Mit dieser Art der Veröffentlichung werden vor allem Personen angesprochen, die aktiv auf der Suche nach einer neuen Arbeitsstelle sind. Hierbei ist ein großer Wandel der Art und Weise von Stellenanzeigen festzustellen. Vor einigen Jahren waren sie noch in Form von Kurzanzeigen vorherrschend, heute sind es vor allem Imageanzeigen.[25] Da in den heutigen Printmedien jeweils mehrere Seiten für Stellenanzeigen verfügbar sind, ist es für Unternehmen ein Muss sich mit der jeweiligen Anzeige von der Konkurrenz abzuheben. Ein Unternehmen erreicht dies beispielsweise durch eine Gestaltung, die sich inhaltlich und optisch von den anderen unterscheidet. Bei der Wahl des Printmediums sollte beachtet werden, welche Art der Position zu besetzen ist. Generell eignen sich folgende Printmedien für die Stellensuche:

- Deutschlandweite Tageszeitungen

- Regionale Zeitungen

- Fachmedien.[26]

Um mit einer Anzeige in einem Printmedium möglichst die Zielgruppe anzusprechen kann das Unternehmen Auskunft über die Leser des Mediums in den jeweiligen Mediadaten bekommen.[27] Neben den Anzeigen in den Printmedien, sind auch Handzettel oder Plakate geeignet, um potenzielle Mitarbeiter anzusprechen. Mit dieser Methode werden vor allem Aushilfskräfte gesucht. Unternehmen decken damit die Nachfrage nach Arbeitskräften auf lokaler Ebene. Gegenüber der Anzeigenschaltung ist das Anbringen von Plakaten oder das Verteilen von Handzetteln die kostengünstigere Methode.

---

[24] Vgl. Geschwill u.a. 2002, S. 90

[25] Vgl. Beck 2011, S.30

[26] Vgl. Horster in Hünninghausen 2002, S. 166 f.

[27] Vgl. Geschwill u.a. 2002, S. 92

2.2.3 Personalleasing

Bei dieser Methode verleiht ein Unternehmen eine Arbeitskraft gegen eine Gebühr an ein anderes Unternehmen. Die Vereinbarung halten beide Parteien in einem Arbeitnehmerüberlassungsvertrag fest. Diese Form der Personalbeschaffung hat den Vorteil, dass das entleihende Unternehmen seinen Personalbedarf kurzfristig abdecken kann ohne ein festes Arbeitsverhältnis einzugehen. Des Weiteren spart das entleihende Unternehmen beispielsweise die Kosten für das Schalten einer Stellenanzeige und kann gleichzeitig prüfen, ob sich der Leiharbeiter gegebenenfalls für eine Festanstellung eignet. Während des Arbeitsverhältnisses trägt das ausleihende Unternehmen weiterhin das Beschäftigungsrisiko für den Arbeitnehmer.[28]

2.2.4 Personalberater

Personalberatungen sind Teil der privatwirtschaftlichen Arbeitsvermittler[29] und unterstützen die Unternehmen bei der Suche von potenziellen Mitarbeitern. Der Dienstleister übernimmt hierbei, je nach Wunsch des Unternehmens, die ganze Suche oder nur Teilschritte des Bewerbungsprozesses. Ein Personalberater befasst sich mit Aufgaben, wie beispielsweise der Gestaltung der Stellenanzeige, der Mediaplanung und der Sichtung der Bewerbungsunterlagen.[30] Einige Personalberater formulieren bereits das Anforderungsprofil der Stellenbeschreibung für das Unternehmen und helfen bis hin zur Erstellung eines geeigneten Arbeitsvertrages.[31] Der Personalberater unterstützt das Unternehmen während des Prozesses, letztendlich entscheidet aber das Unternehmen welchen Kandidaten es einstellt. Diese Form der Personalsuche eignet sich, wenn das Unternehmen in seiner Stellenanzeige seinen Firmennamen verbergen möchte oder die Kapazitäten in der eigenen Personalabteilung ausgeschöpft sind. Dies hat zum einen den Vorteil für das Unternehmen direkt bei einem Wettbewerber nach Mitarbeitern suchen zu können. Gleichzeitig ist es für den Bewerber vorteilhaft mit dem Personalberater eine neutrale Ansprechperson zu haben.[32]

---

[28] Vgl. zu diesem Abschnitt Krimphove 2010 , S. 236 f.

[29] Vgl. Eisele 2006, S.38

[30] Vgl. Hermann 2009, S. 98

[31] Vgl. Knapp 2010, S. 58

[32] Vgl. Pepels 2001, S. 157 ff.

2.2.5 Headhunter

Das Headhunting bezeichnet die direkte Ansprache von geeigneten Arbeitskräften für eine vakante Position in einer Führungsebene. Dabei kontaktiert der Headhunter den Wunschkandidaten meist telefonisch und bietet ihm einen Arbeitsplatz bei einem neuen Unternehmen an. Der Headhunter wird auf die Kandidaten möglicherweise durch Publikationen in der Presse aufmerksam oder bezieht seine Kontakte aus sozialen Netzwerken. Zeigt der Kandidat Interesse an der neuen Arbeitsstelle, lädt ihn der Headhunter zu einem persönlichen Treffen ein. Mit Beendigung der Gespräche legt er dem Unternehmen schließlich eine Liste mit geeigneten Kandidaten vor, aus denen das Unternehmen seinen Favoriten selbst auswählt. Dadurch verringert sich der Arbeitsaufwand für das Unternehmen, da der Headhunter den gesamten Bewerbungsprozess übernimmt.[33] So eignet sich Headhunting vor allem wenn der Kreis der in Frage kommenden Kandidaten klein und der Wettbewerb um die potenziellen Arbeitnehmer hoch ist.[34] Der Headhunter kann die Stelle in einem persönlichen Gespräch vorstellen und die Vorzüge des möglichen neuen Arbeitgebers erläutern. Der Kandidat erhält auf diese Weise mehr Informationen wie beispielsweise durch eine Stellenanzeige. Damit spricht das Unternehmen nicht nur diejenigen an, die auf der Suche nach einer Arbeitsstelle sind, sondern auch Kandidaten, die momentan bei einem anderen Unternehmen beschäftigt sind und einen Wechsel bisher nicht in Betracht gezogen haben.[35]

2.2.6 Hochschulmarketing

Unternehmen haben im Rahmen des Hochschulmarketings die Möglichkeit sich bei den Nachwuchskräften und baldigen Absolventen an den Hochschulen vorzustellen. Ziel ist es, sich bei der Zielgruppe als attraktiver Arbeitgeber zu präsentieren und einen Kontakt zu potenziellen Arbeitnehmern aufzubauen. Dabei bekommt der persönliche Kontakt zwischen den Nachwuchskräften an Universitäten bzw. Hochschulen und dem Unternehmen besonders im War of Talents eine große Bedeutung zu. Unternehmen sind bemüht den Kontakt möglichst frühzeitig herzustellen, dies kann im Unternehmen selbst stattfinden oder an einer Studieneinrichtung. Der Auswahl der Bildungseinrichtung kommt eine Schlüsselrolle zu. Neben der Studienrichtung kann unter anderem die Nähe der Bildungseinrichtung zum Unternehmen wichtig sein, da so auch Besichtigungen und persönliche

---

[33] Vgl. zu diesem Abschnitt Knapp 2010, S. 58

[34] Vgl. Horster in Hünninghausen 2002, S. 166

[35] Vgl. Geschwill u.a. 2002, S. 93

Kontakte möglich sind.[36] Die direkte Kommunikation mit der Zielgruppe verhindert Streuverluste, wenn das Unternehmen die Hochschule im Vorfeld sorgfältig auswählt und so einen kleinen Teil von potenziellen Bewerbern anspricht. Diese können sich jedoch sehr wahrscheinlich mit den Aufgaben und Angeboten des Unternehmens identifizieren.[37] Für die Ansprache dieser Zielgruppe kommen verschiedene Instrumente in Betracht, um Präferenzen für das Unternehmen zu erzeugen:

- Praktikumsplätze

- Angebot von Werksstudentenplätzen

- Betreuung von Abschlussarbeiten

- Firmenpräsentationen in Bildungseinrichtungen

- Ausschreibung von Stipendien.

Neben dem Kontakt an den Hochschulen bieten Karrieremessen eine Plattform für Unternehmen sich selbst und die offenen Stellen an einem Messestand darzustellen.[38] Die Kandidaten wissen oftmals bereits im Vorfeld, welche Unternehmen sie auf der Messe erwarten und welche Berufsfelder vorgestellt werden. So sind vor allem Nachwuchskräfte anwesend, die an einem Informationsaustausch Interesse zeigen.[39] Die Unternehmen, die auf Messen Präsenz zeigen, haben die Gelegenheit im War of Talents mit der umworbenen Zielgruppe der Nachwuchskräfte persönliche Gespräche zu führen und auf die individuellen Bedürfnisse und Fragen einzugehen.[40] Dafür stellt das Unternehmen Personal zur Verfügung, das den Messestand betreut und als Ansprechpartner vor Ort ist. So bietet es sich für das Unternehmen an während der Gespräche mit den Kandidaten die Möglichkeit für ein Praktikum oder für die Begleitung der Abschlussarbeit anzubieten.[41] Diese beiden Instrumente haben einen besonderen Stellenwert, da die Studenten hier unmittelbar in den Unternehmensalltag integriert sind. Während des Praktikums hat das Unternehmen

---

[36] Vgl. Schmidt 2007, S. 28 ff.

[37] Vgl. Hauer u.a. 2002, S.73

[38] Vgl. Knapp 2010, S. 63 f.

[39] Vgl. Hauer u.a. 2002, S.81

[40] Vgl. Teetz 2008, S. 148 f.

[41] Vgl. Geschwill u.a. 2002, S. 93

einen Einblick in die Fähigkeiten und die Arbeitsweise des Studenten und kann so entscheiden, ob eine Festanstellung in Frage kommt. Die Begleitung der Abschlussarbeit ist ein wichtiger Faktor zum Aufbau der Bindung zwischen Unternehmen und der Nachwuchskraft. Studenten schreiben die Abschlussarbeit am Ende des Studiums und stehen so kurz vor dem Einstieg in ihr Berufsleben. Dadurch ist ein direkter Übergang in ein Arbeitsverhältnis möglich.[42]

2.3 Defizite der traditionellen Personalbeschaffung

Zeitungen und Fachzeitschriften haben heute noch festgelegte Seiten für die Publikation von offenen Stellen. So können Unternehmen die Größe der Anzeige, den Aufbau des Inhalts, sowie die Optik frei gestalten und an das eigene Corporate Design anpassen. Je mehr Platz die Stellenanzeige einnimmt, umso höher sind die Kosten für eine Publikation. Der Leser betrachtet die einzelnen Anzeigen, ohne diese nach Kriterien selektieren zu können. Die Stellenanzeige kann mit einer ansprechenden Gestaltung die Aufmerksamkeit der Zielgruppe erregen und zu einer Bewerbung animieren. Die Kommunikation ähnelt einem Monolog, das heißt die Interessenten können auf die Stellenausschreibung nicht direkt mit den Unternehmensvertretern in Kontakt treten wie dies bei einer ausgeschriebenen offenen Stelle im Internet möglich ist.

Ein weiterer Nachteil von Stellenanzeigen in Printmedien stellen die Anzeigentermine des Mediums dar. Daraus resultiert, dass ein Unternehmen nicht jederzeit eine vakante Stelle publizieren kann.[43] Die Stellenanzeige kann auf Wunsch des Unternehmens einmalig oder mehrmals in einem Printmedium publiziert werden, erreicht jedoch nur einen Bruchteil der anvisierten Personenanzahl. Diese Methode der Personalbeschaffung ist weniger zielgerichtet wie beispielsweise die Direktansprache von Kandidaten durch einen Headhunter[44] oder die Ansprache der Zielgruppe im Rahmen des Hochschulmarketings, bei dem es darum geht einen potenziellen Bewerberkreis zu erschließen. Unternehmen, die einen Headhunter oder Personalberater engagieren, ist es oft nicht möglich, die Fähigkeiten und die Professionalität des Beauftragten einzuschätzen. Meist kontaktieren sie deshalb Berater, die andere Kunden bereits im Einsatz hatten und mit dessen Leistungen zufrieden waren. Hauptziel des Personalberaters ist eine langfristige Bindung zwischen Unterneh-

---

[42] Vgl. Hauer u.a. 2002, S.74

[43] Vgl. Knapp 2010, S. 67 ff.

[44] Vgl. Beck 2002, S. 15

men und dem potenziellen Kandidaten herzustellen. Dazu gibt er Informationen zu der Unternehmenskultur und zu dem zukünftigen Arbeitsumfeld weiter. Oftmals reagieren Kandidaten besonders auf höhere Verdienstmöglichkeiten. Da der Verdienst des potenziellen Kandidaten prozentual das Gehalt des Beraters bestimmt, ist die Variante für Unternehmen oftmals kostenintensiv.[45]

Die traditionelle Personalbeschaffung wird auch in Zukunft von Unternehmen eingesetzt, jedoch mit den Möglichkeiten des E-Recruitings ergänzt.[46] Für die Unternehmen ist es für die Auswahl der Recruiting-Instrumente wichtig, die Zielgruppe und deren Nutzungsverhalten zu kennen, um so hohe Streuverluste zu vermeiden.[47] Um genügend Personal zu gewinnen, kombinieren Unternehmen häufig mehrere Instrumente.[48]

---

[45] Vgl. Hauer u.a. 2002, S.80

[46] Vgl. Beck 2002, S. 123

[47] Vgl. Schmidt 2007, S.26

[48] Vgl. Eisele 2006, S.47

3 Das Internet als Instrument der Personalbeschaffung

3.1 Die klassischen Internetansätze – E-Recruiting

Die Publikation der Stellenanzeige im Internet ist die Weiterentwicklung der traditionellen Personalbeschaffung, bisher ersetzt sie diese nicht, sondern wird von Unternehmen ergänzend eingesetzt.[49] Das Internet eröffnet neue Methoden bei der Ansprache potenzieller Mitarbeiter.[50] Neben Printanzeigen erlangen Karriereseiten eine große Bedeutung, um potenzielle Kandidaten über möglichst viele Medien zu erreichen. Hier setzt das Instrument E-Recruiting[51] an.

E-Recruiting bezeichnet die Personalsuche und Personalakquisition mithilfe des Internets. Hierbei kann das Internet helfen, die potenziellen Bewerber auf das Unternehmen als Arbeitgeber aufmerksam zu machen. Das Internet ermöglicht dem Unternehmen zudem, selbst nach interessanten Kandidaten zu suchen. Darüber hinaus beinhaltet E-Recruiting die digitale Personalauswahl mittels elektronischer Datenverarbeitung.[52]

---

[49] Vgl. Hauer u. a. 2002, S. 77.

[50] Vgl. Eisele 2006, S. 49.

[51] Die Begriffe Electronic Recruiting, E-Cruiting, E-Recruitment und Online-Recruiting werden synonym verwendet. Vgl. Eisele 2006, S. 62.

[52] Vgl. Hünninghausen 2002, S. 14 f.

3.1.1 Der Wandel des Personalbeschaffungsprozesses durch das Internet

Der Online-Personalbeschaffungsprozess

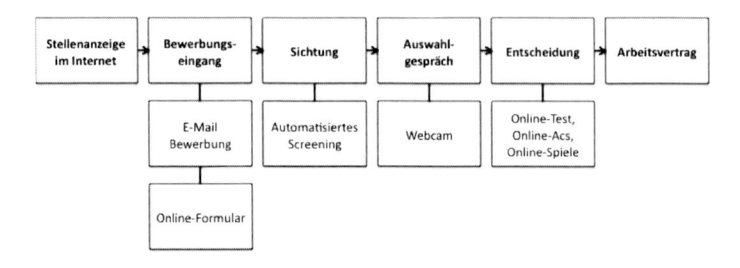

Abbildung 3: Der Online-Personalbeschaffungsprozess[53]

Das Internet digitalisiert den gesamten Personalbeschaffungsprozess. Dies beschleunigt die Bearbeitung der Bewerbungen und ermöglicht eine schnellere Kommunikation mit aussichtsreichen Bewerbern. Zudem erreicht eine digitale Stellenanzeige theoretisch mehr potenzielle Bewerber als eine Printanzeige, da das Internet ortsunabhängig ist und die Informationen jederzeit zur Verfügung stehen.

Um auch wirklich einen größeren Kreis an potenziellen Bewerbern anzusprechen und die Streuverluste gering zu halten, kann das Unternehmen das Internet zielgerichtet einsetzen und das Nutzungsverhalten der Zielgruppe einbeziehen. Für die Zielgruppe und das Unternehmen ändert das Internet jedoch nicht den Prozess der Personalbeschaffung. Zunächst erfolgt die Artikulation des Personalbedarfs auf digitaler Ebene und legt in der Stellenanzeige den Bewerbungsweg fest. Gehen die Bewerbungsunterlagen in Form eines digitalen Formulars ein, kann ein System die eingegangenen Unterlagen vorselektieren, wodurch die Personalabteilung entlastet wird. Das System kann die Bewerberdaten zudem umgehend in einer Datenbank hinterlegen, so dass der Personalverantwortliche hier einen schnellen Zugriff hat.[54] Während das Unternehmen bei der traditionellen Personalbeschaffung das Vorstellungsgespräch meist im Unternehmen selbst führt, bietet das E-Recruiting die Möglichkeit, das Gespräch mithilfe einer Webcam zu führen. Damit spart das Unternehmen zum einen die Reisekosten, zum anderen findet jedoch kein persönliches Kennenlernen statt. Der Abschluss des Arbeitsvertrags unterscheidet sich in der

---

[53] Vgl. Beck 2002, S.23, leicht modifiziert

[54] Vgl. Reisinger 2010, S.38

traditionellen und digitalen Personalbeschaffung nicht. Setzt ein Unternehmen die digitale Personalbeschaffung kontinuierlich fort, erfolgt kein Medienbruch.[55]

Manche Unternehmen setzen bei der digitalen Personalbeschaffung Online-Spiele als Recruiting-Instrument ein, um die Fähigkeiten der Bewerber zu testen und die Auswahlentscheidung zu überprüfen. Die Möglichkeiten der Online-Assessments geben den Bewerbern die Gelegenheit die eigenen Fähigkeiten neben den Angaben im standardisierten Bewerbungsformular herauszustellen und sich zu profilieren.[56] Dies geschieht bei der traditionellen Personalbeschaffung oftmals im Rahmen von Assessment-Centern (AC).[57] Neben dem Recruiting-Zweck verwenden Unternehmen solche Art von Spielen im Personalmarketing mit der Absicht, sich als innovatives Unternehmen und attraktiver Arbeitgeber zu positionieren. Diese Methode und die damit verbundene Zielgruppenansprache stellt heute noch eine Ausnahme dar, kann für das Unternehmen jedoch ein Vorteil im „War of Talents" sein. Die Online-Spiele haben noch ein großes Entwicklungspotenzial. Aufgrund der hohen Kosten bei der Entwicklung und Umsetzung eines Spiels ist dieses Instrument vor allem für Großunternehmen geeignet.[58]

3.1.2 Motive und Ziele des Einsatzes von E-Recruiting

Employer Branding

„Employer Branding" bezeichnet die Außendarstellung des Unternehmens als attraktiver Arbeitgeber. Dabei kommt es für das Unternehmen besonders darauf an, sich bei den internen und externen Zielgruppen zu positionieren und sich von Wettbewerbern zu differenzieren, um ein unverwechselbares Bild zu schaffen.[59] Unternehmen, die ihre Stellenangebote online veröffentlichen, präsentieren sich als innovative Unternehmen, die auf die Bedürfnisse der Zielgruppe eingehen. Diese kann die Stellenanzeigen im Internet nach bestimmten Kriterien selektieren und hat schnell Zugriff auf die interessanten Angebote.[60]

---

[55] Vgl. Beck 2002, S. 17 ff.

[56] Vgl. Reisinger 2010, S.74

[57] Vgl. Beck 2002, S. 212.

[58] Vgl. Beck 2002, S. 219 ff.

[59] Vgl. Beck 2008, S. 28.

[60] Vgl. Finke u. a. 2002, S. 142.

Kosten

Für Unternehmen ist die Abwicklung und Schaltung von Stellenanzeigen im Internet wesentlich günstiger als die Umsetzung über ein Printmedium.[61] Die Größe der Stellenanzeige bestimmt den Preis der Veröffentlichung in einem Printmedium. Die Stellenanzeigen im Internet haben in Jobbörsen meist eine einheitliche Größe, bieten aber für Unternehmen viel Platz, um Zusatzinformationen zu publizieren. Dies ist besonders für kleine und mittelständische Betriebe eine Möglichkeit, sich kostengünstig als Arbeitgeber zu präsentieren.[62]

Zeitaufwand

Die Stellenveröffentlichung im Internet ist unabhängig von Anzeigenterminen. Das Unternehmen kann die offene Stelle jederzeit publizieren und gegebenenfalls aktualisieren. Die Anzeige ist für potenzielle Bewerber umgehend verfügbar und ist je nach Wunsch des Unternehmens über einen längeren Zeitraum sichtbar.[63] Für Unternehmen verringert sich der Zeitaufwand für die Bearbeitung der eingehenden Bewerbungen, insbesondere wenn sie Bewerbungsformulare einsetzen. So kann bereits das System die Bewerbungen nach speziellen Vorgaben selektieren.[64] Sobald das Bewerbungsaufkommen zu groß wird oder bereits ein geeigneter Kandidat gefunden ist, kann das Unternehmen die Stellenanzeige aus dem Internet entfernen, was bei einem Printmedium nicht möglich ist.[65]

Internationalisierung

Stellenanzeigen im Internet erscheinen auf Wunsch des Unternehmens zeitgleich in einer Vielzahl von Ländern auf der ganzen Welt.[66]

---

[61] Vgl. Finke u. a. 2002, S. 137.

[62] Vgl. Eggert u. a. 2001 ,S. 98.

[63] Vgl. Finke u. a. 2002, S. 141 f.

[64] Vgl. Hauer u. a. 2002, S. 78.

[65] Vgl. Beck 2002, S. 20.

[66] Vgl. Finke u. a. 2002, S. 144.

3.1.3 Methoden des E-Recruitings

3.1.3.1 Online Jobbörsen

Online Jobbörsen sind elektronische Stellenmärkte, in denen Unternehmen ihren Personalbedarf artikulieren und Stellenausschreibungen platzieren. Neben der Publikation der offenen Stelle hat das Unternehmen die Möglichkeit ein Profil zu erstellen, in dem es Zusatzinformationen über das Unternehmen hinterlegen kann.[67]

Inzwischen gibt es eine Vielzahl von Anbietern verschiedener Jobbörsen im Internet, wobei sich einige auf bestimmte Branchen oder Zielgruppen fokussiert haben.[68] Einzelne Jobbörsen haben dazu speziell für die Gruppe der Nachwuchskräfte Praktikantenbörsen und Lehrstellenbörsen eingerichtet, um die Zielgruppe möglichst früh anzusprechen.[69]

Abbildung 4: Die kommerzielle Jobbörse monster.de[70]

Neben ihrer Fokussierung unterscheiden sich Jobbörsen auch in ihrer Finanzierung. Es existieren neben den staatlichen Jobbörsen, wie der der Bundesagentur für Arbeit, kommerzielle Jobbörsen, zu denen beispielsweise *monster.de* gehört.[71] Bewerber haben hier

---

[67] Vgl. Birkfeld 2010, S. 22.

[68] Vgl. Birkfeld 2010, S. 31.

[69] Vgl. Beck 2002, S. 62 f.

[70] http://www.monster.de/, Zugriff am 29.06.2011

[71] Vgl. Beck 2002, S. 36 f.

die Möglichkeit, eigene Profile anzulegen, in die ein Unternehmen gegen eine Gebühr Einsicht erhält, das aktiv nach potenziellen Mitarbeitern sucht. So ist das Unternehmen durch die Methode der Lebenslauf-Datenbank-Recherche nicht gezwungen, seinen Personalbedarf in Form einer Stellenanzeige kundzutun. Das Unternehmen füllt dazu ein Selektionsformular aus, durch das es die Stellengesuche der Kandidaten und deren Bewerbungsprofil einsehen kann. Gleichzeitig schickt die Jobbörse den Bewerbern Stellenanzeigen, die deren Profil entsprechen.[72] Der Arbeitssuchende kann im Anschluss daran selbst entscheiden ob er mit dem Unternehmen Kontakt aufnimmt und sich bewirbt.[73] Diese aktive Suche von Unternehmen wird, wie auch das Abgleichen des Bewerberprofils mit den Stellenausschreibungen durch die Jobbörse, als „Matching" bezeichnet.[74]

Gestaltung einer Anzeige in Jobbörsen

Je nach Personalbedarf verwenden Unternehmen mehrere Jobbörsen, um ihre Stellenanzeigen zu publizieren. Zum Teil sind die Angebote der einzelnen Anbieter verschieden, weshalb Unternehmen hier abwägen müssen, welche Jobbörse(n) für sie geeignet sind. Je nach Zielgruppe variiert das Informationsbedürfnis, sodass Unternehmen aus einigen Rubriken wie beispielsweise „Entwicklung des Unternehmens" oder „aktuelle Messetermine" auf den Seiten der Jobbörsen auswählen können, um sich der Zielgruppe vorzustellen. Nur wenige Jobbörsen ermöglichen es den Unternehmen heute, bei der Gestaltung ihrer Seite und Stellenanzeige mitzuwirken und eigene Bilder oder Farben einzusetzen. Die Übersichtlichkeit und Standardisierung steht im Vordergrund, um dem Nutzer eine Orientierung zu bieten.[75] Einige Anbieter der Online Jobbörsen versuchen auf die Bedürfnisse der Kunden einzugehen. Für Unternehmen ist neben der Suche nach potenziellen Mitarbeitern jedoch das „Employer Branding" ein wichtiger Faktor, um so nachhaltig das Interesse der Zielgruppe zu wecken.[76] Multimediale Inhalte gehören teilweise zu den Zusatzdienstleistungen und können dabei die Unternehmenspräsentation auf den Seiten unterstützen. Die Online Jobbörse *Monster* ermöglicht den Unternehmen, sich auch in Form von Videos vorzustellen.[77]

---

[72] Vgl. Gutmann 2002, S. 206 ff.

[73] Vgl. Cisik, 2001, S. 83.

[74] Vgl. Eggert u. a. 2001, S. 102.

[75] Vgl. Beck 2002, S. 42.

[76] Vgl. Beck 2002, S. 114.

[77] Vgl. Beck 2002, S. 67.

Vergrößerung der Reichweite

Die großen Anbieter der Online Jobbörsen führen verschiedene Maßnahmen durch, um die Reichweite der eigenen Plattform und damit auch die der Stellenanzeigen zu vergrößern. Dazu gehören sogenannte „Zielgruppen-Channels", auf denen Unternehmen ausgewählte Stellenanzeigen veröffentlichen, die ein bestimmtes Bewerbersegment ansprechen.

Des Weiteren kooperieren immer mehr Anbieter mit anderen Online- oder Printmedien. So kann die Online Jobbörse mit Bannern auf zielgruppenspezifischen Webseiten werben oder eine kostengünstige Variante anbieten, bei der das Unternehmen die Stellenanzeige auf weiteren Seiten einstellt. Zusätzlich kann es die Seiten mit der eigenen Unternehmenshomepage verlinken, um den Nutzern Zusatzinformationen zur Verfügung zu stellen. Die Kooperationen mit Printmedien ermöglichen eine kurze Stellenanzeige in einer Zeitschrift mit dem Verweis auf die ausführliche Stellenbeschreibung im Internet. Dabei erreichen Fachmedien vor allem Führungskräfte, die so ins Internet geleitet werden.[78]

Die Zielgruppe kann die Stellenangebote nicht ausschließlich über die Unternehmensseite oder in einem Printmedium einsehen, sondern zusätzlich in einer Online Jobbörse finden. Das Unternehmen erreicht dadurch eine größere Anzahl an Personen.[79] Bei der Wahl der Jobbörse kann das Unternehmen Kriterien wie beispielsweise den Bekanntheitsgrad, den benutzerfreundlichen Aufbau oder die Kosten heranziehen. Ziel ist es, dem Bewerber einen Mehrwert zu geben, sodass sich dieser umfassend über das Unternehmen und die offene Stelle informieren und unkompliziert mit dem Unternehmen Kontakt aufnehmen kann.[80]

3.1.3.2 Die Unternehmenshomepage

Unternehmen sehen die eigene Website als Einstieg für die Personalbeschaffung im Internet.[81] Eine Vielzahl von Unternehmen veröffentlicht ihre Stellenausschreibungen auf der Unternehmenshomepage. Besonders bekannte Großunternehmen profitieren von einer Internetpräsenz, da potenzielle Bewerber bereits einige Informationen über das Un-

---

[78] Vgl. Sudar 2008, S. 100 ff.

[79] Vgl. Sudar 2008, S. 100.

[80] Vgl. Gutmann 2002, S. 216 f.

[81] Vgl. Eisele 2006, S. 71.

ternehmen haben und sich so direkt mit den Angeboten auseinandersetzen.[82] Einige Unternehmen haben dazu eine zusätzliche Karriereseite eingerichtet, die ein Bewerber über einen Link auf der Unternehmenshomepage aufruft. Eigene Karriereseiten sind vor allem bei Großunternehmen zu beobachten.[83] Kleinere Unternehmen müssen sich im Voraus als attraktiver Arbeitgeber präsentieren und potenzielle Bewerber auf die Internetseite aufmerksam machen.[84] Die Struktur der Seiten ist meist gleich aufgebaut, weshalb im Folgenden keine Unterscheidung von einer Karriereseite und einer Unternehmenshomepage vorgenommen wird.[85] Im weiteren Verlauf werden vor allem das Design, der Inhalt, die Funktion sowie die Erfolgsfaktoren einer Karrierewebsite berücksichtigt.

Design

Eine visuelle Gestaltung der Unternehmenshomepage, welche den Markenauftritt des Unternehmens unterstützt, ist ein wichtiger Faktor des „Employer Brandings" im Zusammenhang mit dem „Recruiting".[86] Das Corporate Design des Unternehmens kann hier zum Wiedererkennungswert beitragen.[87] Die Homepage spiegelt im Idealfall die Werte und die Vision des Unternehmens wider, sodass der potenzielle Bewerber eine Vorstellung von dem Unternehmen und den Mitarbeitern bekommt. Dazu setzen viele Unternehmen Bilder ein, die eigene Mitarbeiter zeigen, um ein authentisches Bild zu vermitteln. Das Unternehmen sollte seinen Auftritt im Internet und die Umgangsformen im Unternehmensalltag aufeinander abstimmen, sodass der Bewerber keine falsche Vorstellung bekommt und sich für einen anderen Arbeitgeber entscheidet. Für den Besucher der Unternehmenshomepage ist es wichtig, sich auf der Internetseite schnell zurechtzufinden und die wichtigen Informationen einfach zu finden.[88] Das Unternehmen hat hier auf eine benutzerfreundliche Struktur der Seite zu achten. Zu viele Farben, lange Textpassagen und Effekte führen zur Orientierungslosigkeit der Web-Besucher.[89]

---

[82] Vgl. Eger u. a. 2008, S. 118.

[83] Vgl. Beck 2002, S. 168.

[84] Vgl. Eger u. a. 2008, S. 118.

[85] Vgl. Beck 2002, S. 168.

[86] Vgl. Eger u. a. 2009, S. 124.

[87] Vgl. Beck 2002, S. 171.

[88] Vgl. Eger u. a. 2009, S. 124.

[89] Vgl. Beck 2002, S. 171.

Inhalt

Unternehmen präsentieren auf ihren Homepages vor allem wichtige Daten und Fakten zum Unternehmen selbst, Informationen über die Unternehmenswerte und Stellenangebote mit Zusatzinformationen für potenzielle Bewerber. Die allgemeinen Informationen geben beispielsweise einen tieferen Einblick in die Unternehmensgeschichte und seine Produkte und Services. Neben der Unternehmenspräsentation kann das Unternehmen hier die Zielgruppe der potenziellen Bewerber ansprechen und diese umfassend über offene Stellen und Karrieremöglichkeiten informieren.[90] Handelt es sich um ein internationales Unternehmen, bietet es sich an, die Informationen zusätzlich auch in anderen Sprachen zur Verfügung zu stellen. Je nach Zielgruppe besteht ein unterschiedlicher Informationsbedarf. Nachwuchskräfte benötigen mehr Informationen, da sie bisher wenig Berührung mit der Arbeitswelt hatten. Das Unternehmen kann hier vor allem auf die Berufsbilder, Ausbildungsmöglichkeiten und Weiterbildungsprogramme eingehen, um so einen Anreiz für die Zielgruppe zu schaffen.[91] Grundsätzlich bietet es sich für die Unternehmen auch an, den gesamten Bewerbungsprozess darzustellen, um dem potenziellen Bewerber einen Überblick zur Bearbeitung seiner Unterlagen zu geben.[92]

Funktion

Das Hauptaugenmerk einer Karrierewebsite ist die Veröffentlichung der Stellenanzeigen. Bei kleinen Unternehmen genügt oftmals eine Auflistung der offenen Stellen. Großunternehmen gehen dazu über, Zusatzfunktionen bereitzustellen. So kann ein Kandidat Suchkriterien eingeben, um eine für ihn passende Stellenanzeige zu finden.[93] Hier ist es besonders wichtig, dass die Stellenangebote auf einem aktuellen Stand sind.[94] Des Weiteren bieten Unternehmen den Webbesuchern an, sich im Rahmen des „Jobmails" ein eigenes Suchprofil einzurichten. Dabei legt der potenzielle Bewerber persönliche Angaben wie beispielsweise seine Fachrichtung, die gewünschte Position oder den Arbeitsort fest

---

[90] Vgl. Eger u. a. 2009, S. 120 f.

[91] Vgl. Beck 2002, S. 172 u. 176.

[92] Vgl. Eger u. a. 2009, S. 121.

[93] Vgl. Eger u. a. 2009, S. 122.

[94] Vgl. Beck 2002, S. 174.

und erhält per E-Mail die jeweiligen neuen Stellenangebote des Unternehmens zugesandt.[95]

Meist ist auf der Unternehmenshomepage selbst ein Button, mit dem sich die Bewerber per Klick auf die jeweils offene Stelle bewerben. Dem Webbesucher öffnet sich darauf ein Online-Fragebogen, in den er die erforderlichen Daten wie beispielsweise den Lebenslauf einträgt. Das Formular des Fragebogens unterscheidet sich je nach Unternehmen. Einige von ihnen verwenden ein standardisiertes Formular unabhängig von der Position der Stelle. Andere Unternehmen achten darauf, die Formulare nach der spezifischen Stelle auszurichten, und geben dem Bewerber beispielsweise die Möglichkeit, ein individuelles Anschreiben anzuhängen.[96] Ein großer Vorteil liegt für Unternehmen in der schnellen Weiterverarbeitung der Bewerberdaten, da diese im Fragebogen klar strukturiert sind und von einem System erkannt werden.[97]

Die Karrierewebsite bietet dem potenziellen Bewerber die Möglichkeit, mit dem Unternehmen in Kontakt zu treten. Hierbei kann das Unternehmen einen Ansprechpartner, dessen Telefonnummer und die dazugehörige E-Mail Adresse angeben oder mit einem Kontaktformular arbeiten. Einige Unternehmen verwenden zusätzlich ein Passbild des Ansprechpartners, sodass die Kommunikation persönlicher gestaltet ist. Für den Besucher der Website sollte klar ersichtlich sein, welcher Ansprechpartner für welchen Themenbezug zuständig ist und dementsprechend kontaktiert werden kann.[98] Viele Unternehmen nutzen neben der Bewerbung mit einem Formular den Weg der E-Mail-Bewerbung. Hierbei platzieren die Bewerber ihre Dokumente im Anhang der E-Mail. Diese Form ist bei Unternehmen wie auch bei Bewerbern sehr beliebt. Probleme treten auf, wenn die Dateigröße der Dokumente den vorgegebenen Standard überschreitet oder der Bewerber weniger bekannte Dateiformate verwendet, die das Unternehmen nicht öffnen kann.[99]

---

[95] Vgl. Beck 2002, S. 200.

[96] Vgl. Eger u. a. 2009, S. 122.

[97] Vgl. Eisele 2006, S. 86.

[98] Vgl. Beck 2002, S. 173.

[99] Vgl. Beck 2002, S. 136.

3.1.3.3 Die Bewerberhomepage

Die Bewerberhomepage ist eine weitere Methode für einen Bewerber, sich bei seinem potenziellen Arbeitgeber zu präsentieren. Er erstellt dabei eine eigene Homepage, auf die er relevante Informationen für die Bewerbung einstellt. Dazu gehören, wie bei einer herkömmlichen Bewerbung, beispielsweise ein Anschreiben, Lebenslauf, aktuelle Zeugnisse und gegebenenfalls ein Motivationsschreiben.[100] Die Bewerberhomepage braucht zusätzlich noch eine weitere Online-Bewerbungsmaßnahme, um den Personalverantwortlichen auf die Website hinzuweisen. Dazu schickt der Kandidat ein Bewerbungsschreiben, in dem er sein Interesse für die offene Stelle bekundet und dabei den Link der Bewerberhomepage mit den dazugehörigen Zugangsdaten anhängt. So kann die Bewerberhomepage Zusatzinformationen und einen Mehrwert enthalten. Sie eignet sich insbesondere für die Präsentation von Arbeitsproben, da die anderen Dokumente, wie das Anschreiben, sehr allgemein gehalten werden. Dies liegt daran, dass die Bewerberhomepage für mehrere Unternehmen einsehbar ist und so keine Anpassung auf die jeweilige Stellenausschreibung erfolgen kann.[101] Einen weiteren Nachteil stellt die notwendige Reaktion der Personalabteilung dar. Die Personalverantwortlichen erhalten auf eine Stellenanzeige meist eine hohe Anzahl von Bewerbungen. Dieser Bewerbungsweg setzt ein zusätzliches aktives Handeln der Personalabteilung voraus, um an weitere Informationen des Bewerbers zu gelangen. Dies erfordert für den Personalverantwortlichen einen höheren Zeitaufwand als gegenüber einer Online-Bewerbung auf der Unternehmensseite, wo er die erforderlichen Daten schnell präsent hat.[102] Für die Umsetzung sollte der Bewerber bei dieser Methode internetaffin sein und sich in diesem Tätigkeitsfeld auskennen. Das Layout und die Nutzerfreundlichkeit der Seite sind wichtige Faktoren bei der Umsetzung einer eigenen Seite. Der Personalverantwortliche sollte sich auf der Seite schnell zurechtfinden und auf einen Blick sehen, welche Unterlagen ihm zur Verfügung stehen.[103] Die Bewerberhomepage ist vor allem in der IT-Branche beliebt, da sie hier neben der Bewerbungsform auch eine erste Arbeitsprobe darstellt.[104]

---

[100] Vgl. Beck 2002, S. 136.

[101] Vgl. Püttjer u. a. 2008, S. 348.

[102] Vgl. Eisele 2006, S. 85.

[103] Vgl. Püttjer u.a. 2008, S. 348.

[104] Vgl. Püttjer u.a. 2008, S. 348.

3.1.3.4 Virtuelle Recruiting-Messen

Virtuelle Recruiting-Messen ähneln den klassischen Rekrutierungsmessen, finden aber im Internet statt. Die Teilnehmer treten in eine dreidimensionale Welt ein, in der sie an den Messeständen in einen virtuellen Kontakt mit Unternehmen treten können. Die Personen sind als 3-D-Figuren dargestellt und können in einem Chat oder per Webcam miteinander kommunizieren. Unternehmen haben die Gelegenheit, auf interessante Bewerber selbst zuzugehen und ein Gespräch zu beginnen.

Das Unternehmen kann seinen dortigen Auftritt in Anlehnung an die eigene Corporate Identity gestalten und ein Unternehmensporträt hinterlegen. Jedes Unternehmen kann seine Zeiten, in denen ein Gespräch stattfindet, selbst festlegen und so genannte Präsenzzeiten einrichten. Der Bewerber sieht an den jeweiligen Messeständen die Stellenangebote und kann sich bei Interesse mit einer digitalen Bewerbungsmappe für die Stelle empfehlen. In dem ersten virtuellen Kontakt mit dem Personalverantwortlichen kann der Bewerber offen Fragen stellen und sein Interesse zeigen.[105] Der Personalverantwortliche hat umgehend eine Einsicht in die Bewerbungsmappe, sodass der Bewerber schnell eine Rückmeldung erwarten kann. Je nach Eignung des Bewerbers erhält er eine Absage oder wird von dem Personalverantwortlichen über die weitere Vorgehensweise informiert. In dieser Phase reduziert die Recruiting-Methode die Zeit zwischen dem Eingang einer Bewerbung und der Reaktion seitens des Unternehmens im Gegensatz zu einer herkömmlichen Bewerbung.[106] Neben der Chat-Funktion steht es dem Besucher offen, an virtuellen Experten-Runden teilzunehmen, bei denen von den „Usern" gestellte Fragen fachkundig beantwortet werden.[107]

Für Unternehmen sind virtuelle Messen eine kostengünstige Variante zu realen Rekrutierungsmessen, da das Unternehmen die Reisekosten einspart und eine geringe Jahresmiete im Gegensatz zu einer Standmiete für jede reale Messe bezahlt. Unternehmen reduzieren ihre Kosten in einem Vergleich zwischen realen und virtuellen Messen um bis zu 90 %.[108] Sie tragen zudem zum „Employer Branding" bei, da die Teilnahme als innovativ und fortschrittlich gilt.[109] Virtuelle Recruiting-Messen können dazu beitragen, den Be-

---

[105] Vgl. Beck 2002, S. 72.

[106] Vgl. Uniworkers Gmbh o. J., S. 9.

[107] Vgl. Beck 2002, S. 72.

[108] Vgl. Uniworkers GmbH o. J., S. 8.

[109] Vgl. Schmidt 2007, S. 64.

kanntheitsgrad des Unternehmens zu erhöhen und so das Unternehmensimage zu prägen.[110] Unternehmen sehen diese Methode bisher noch als ergänzendes Instrument für den ersten Kontakt mit potenziellen Bewerbern[111], wobei die Besucherzahlen steigen.[112]

3.2 Social Media in der Personalbeschaffung

Die Anwendung des E-Recruitings nimmt immer mehr zu, ist aber durch die Entwicklung des Web 2.0 einem Wandel unterworfen. Die Internetnutzer wirken an den Inhalten selbst mit und bringen sich dort beispielsweise auf Videoplattformen ein oder bauen sich ein Netzwerk an Kontakten auf, sodass die Kommunikation immer mehr im öffentlichen und virtuellen Raum stattfindet. Die verschiedenen Ausprägungen des Web 2.0 finden sich zunehmend im Bereich der Personalbeschaffung wieder. Unternehmen ergänzen die Informationen auf der eigenen Homepage mit Elementen, welche eine Interaktion beinhalten. Diese ist vor allem dann sinnvoll, wenn durch die Formen von Social Media ein Mehrwert für einen potenziellen Bewerber entsteht. Recruiting über Social Media bietet sowohl für Bewerber als auch für Personaler neue Möglichkeiten.[113]

3.2.1 Motive und Ziele des Einsatzes von Social Media

Aufmerksamkeit

Ein Unternehmen zielt darauf ab, die Aufmerksamkeit seiner Zielgruppe zu erreichen. Dazu muss es wissen, auf welchen Plattformen sich die Zielgruppe bewegt, und beobachten, über welche Themen diese auf den Social Media Seiten diskutiert und was sie beschäftigt. So kann das Unternehmen seine Mitteilungen den Bedürfnissen der Zielgruppe anpassen und einen Dialog aufbauen. Während des Dialogs hat das Unternehmen die Möglichkeit, auf die Fragen und Anmerkungen der Zielgruppe einzugehen und diese umfassend zu informieren. Auf diese Weise nimmt die Zielgruppe das Unternehmen wahr und bewirbt sich eventuell auf eine vakante Position. Die Kommunikationsstrategie folgt einem Kreislauf, der auch als F-A-C-E-Konzept bekannt ist:

---

[110] Vgl. Uniworkers GmbH o. J., S. 10.

[111] Vgl. Eisele 2006, S. 113.

[112] Vgl. Uniworkers GmbH o. J., S. 11.

[113] Vgl. Jäger 2008, S. 57 ff.

F - Follow and Listen

A – Attract

C – Communicate

E – Engage[114]

Employer Branding

Durch die Präsenz auf Social Media Plattformen haben Unternehmen gegebenenfalls einen Vorteil im „War of Talents". Das Unternehmen kann hier besonders eigene Mitarbeiter integrieren und den Arbeitsalltag aufzeigen. Somit bekommt ein potenzieller Bewerber einen authentischen Einblick, den er durch eine herkömmliche Stellenbeschreibung nicht hat. Das Unternehmen ist so bei der Zielgruppe ständig präsent und reagiert schnell auf individuelle Fragen, die ansonsten möglicherweise in den E-Mails der Personaler erst spät Beachtung finden. Besonders kleine Unternehmen haben dadurch eine Chance, sich als Arbeitgeber bei der Zielgruppe zu präsentieren.[115]

Das Mediennutzungsverhalten der Zielgruppe

Unternehmen müssen dazu übergehen, ihre Stellenanzeigen dort zu platzieren, wo sich die Zielgruppe aufhält. 35 % der deutschen Bevölkerung nutzen bereits Social Media Plattformen.[116] Menschen, die sich auf Social Media Seiten einbringen, zeigen Engagement. Die ist beispielsweise eine Eigenschaft, die Unternehmen oftmals in ihren Stellenanzeigen fordern.[117] Personaler wirken im Web 2.0 mit, um eine junge Zielgruppe anzusprechen.[118] Besonders die Generation Y, die sicher mit den technischen Möglichkeiten umgeht, ist über das Internet zu erreichen. So hat sich auch ihr Freizeit- und Medienverhalten verändert. Statt eine Zeitung zu lesen, informieren sich Angehörige dieser Generation im Internet über die neuen Nachrichten. Sie sind gewohnt, schnell an Informationen zu gelangen und diese gegebenenfalls zu überprüfen.[119]

---

[114] Vgl. Grohe 2011, S. 115ff.

[115] Vgl. Grohe 2011, S. 131ff.

[116] Vgl. BITKOM 2011, o. S.

[117] Vgl. Fedossov u. a. 2009, S. 91.

[118] Vgl. Beck 2008, S. 195.

[119] Vgl. Bernauer u. a. 2011, S. 36ff.

Bewerber informieren sich über einen möglichen Arbeitgeber zunehmend im Internet und nehmen Social Media Plattformen zur Hilfe, um zusätzlich zu den allgemeinen Unternehmensinformationen auch Meinungen von (ehemaligen) Mitarbeitern zu erfahren. Aus diesem Grund ist es für Unternehmen wichtig, ihre Recruiting-Strategie dem Verhalten der Zielgruppe anzupassen und selbst präsent zu sein, um die Kommunikation zu lenken.[120]

3.2.2 Geeignete Social Media Plattformen für die Personalbeschaffung

Abbildung 5: Geeignete Social Media Plattformen für die Personalbeschaffung[121]

Im Folgenden werden Social Media Plattformen vorgestellt und Möglichkeiten aufgezeigt, wie sie für die Personalbeschaffung einzusetzen sind. Die aktive Personalbeschaffung wird in Kapitel 3.2.4 „Aktive Kandidatensuche" behandelt.

3.2.2.1 Blogs

Der Begriff „Blog" ist eine Abkürzung von Weblog, bei dem es sich um eine Homepage handelt, auf der einzelne Autoren Kommentare und Ideen publizieren. Autoren von Blogs veröffentlichen kurze Artikel, die in diesem Zusammenhang als „Posts" bezeichnet werden. Diese beziehen sich meist auf ein konkretes Thema. Dazu sollte der Blogger in regelmäßigen Abständen Inhalte liefern, um die Leserschaft an sich zu binden. Es empfiehlt

---

[120] Vgl. Bernauer u. a. 2011, S. 20 f.

[121] Eigene Darstellung

sich, die Posts klar zu strukturieren, sodass der Leser schnell einen Überblick bekommt. Hierzu eignen sich unter anderem Bilder, Listen oder Absätze zwischen den Textpassagen. Der neue Post ist auf der Homepage als Erstes zu sehen, ältere Artikel sind in umgekehrter chronologischer Reihenfolge sortiert. Um dabei die Übersicht beizubehalten, gehen Autoren dazu über, nur eine bestimmte Anzahl der Artikel anzeigen zu lassen. Ältere Artikel stellen sie zumeist in einem Archiv zur Verfügung, in dem der Leser Artikel beispielsweise nach Datum oder Schlagwörtern suchen kann.[122]

Verwendung von Blogs

Unternehmen verwenden Blogs dazu, mit (potenziellen) Kunden in Kontakt zu treten. Blogs haben zumeist eine Funktion, die es Lesern ermöglicht, die Posts zu kommentieren. Der Autor des Blogs sollte darauf achten, auf diese Kommentare zu reagieren und zurückzuschreiben, sodass ein Dialog entsteht. Dabei kann es durchaus vorkommen, dass er ein negatives Feedback erhält. Solang dieses auf Tatsachen beruht und keine Beleidigungen beinhaltet, sollte der Autor diesen Kommentar nicht löschen, sondern sachlich darauf eingehen.[123] So erkennt das Unternehmen, ob Kunden mit den Produkten oder Dienstleistungen zufrieden sind oder an welcher Stelle eventuell Verbesserungspotenzial besteht. So sind Blogs eine Plattform, bei der das Unternehmen mit einem Dialog einen zusätzlichen Kundenservice pflegt. Die Kunden bekommen dabei das Gefühl, dass das Unternehmen sie und ihr Feedback ernst nimmt, wodurch das Vertrauen in das Unternehmen möglicherweise gestärkt wird.[124] Neben der ständigen Aktualisierung des eigenen Blogs profiliert sich ein Blogger, indem er beispielsweise in anderen Blogs derselben Branche sein Fachwissen einbringt. Bei neuen Themen, welche die eigene Branche betreffen, gilt es als erster einen Blogeintrag zu verfassen, sodass das Unternehmen als Vorreiter agiert.[125] Des Weiteren hat ein Unternehmen die Möglichkeit, zu einem Blogger Kontakt aufzunehmen und anzufragen, ob er bereit ist, über die unternehmenseigenen Produkte und Dienstleistungen zu schreiben.[126]

---

[122] Vgl. Weinberg 2010, S. 97.

[123] Vgl. Zarrella 2010, S. 15-21.

[124] Vgl. Weinberg 2010, S. 100 ff.

[125] Vgl. Zarrella 2010, S. 15-37.

[126] Vgl. Weinberg 2010, S. 97.

Einsatz Personalbeschaffung

Ein Blog eignet sich weniger zur Veröffentlichung von Stellenanzeigen, da es hier mehr um Meinungen und Diskussionen als um Mitarbeitergewinnung geht. Dennoch nutzen Unternehmen Blogs zum Zweck des „Employer Brandings". So bietet sich ein Blog an, um Mitarbeiter in die Kommunikation zu integrieren. Die *Robert Bosch GmbH* betreibt dazu einen Blog, in dem Trainees über ihre Aufgaben und Erfahrungen während ihres Arbeitsalltags berichten. Potenzielle Bewerber bekommen so neben den Informationen auf der Homepage oder in der Stellenanzeige ein authentisches Bild vermittelt.[127]

3.2.2.2 Microblogging

„Microblogging" ist eine Ausprägung der Blogs und entwickelte sich vor allem in den USA zu einer beliebten Anwendung in der Bevölkerung. Im Gegensatz zum Schreiben eines Blogs stehen dem Verfasser beim Microblogging lediglich 140 Zeichen zur Verfügung.[128] Die Grundidee ist, andere Menschen an seinem Alltag teilnehmen zu lassen und die eigenen Gedanken in kurzen Sätzen niederzuschreiben und zu veröffentlichen.[129] Der Microblog-Dienst *Twitter* wurde Anfang 2009 bekannt, als einige Prominente in den USA begannen, Kurznachrichten zu veröffentlichen.[130] Theoretisch kann jeder diesen Dienst nutzen, der einen Zugang zum Internet besitzt und über einen Browser verfügt.[131] Im April 2010 waren es in Deutschland bereits 480.000 Menschen, die sich einen eigenen Account bei *Twitter* einrichteten.[132]

Twitter-Account

Nutzer wählen bei ihrer Anmeldung bei *Twitter* die Art ihres Accounts aus. Dabei gibt es neben dem persönlichen Account einer Person die Alternative, sich ein Firmenkonto einzurichten oder sich als fiktive Person anzumelden. In den Einstellungen des Accounts bietet *Twitter* den Nutzern an, sich im Bereich „Bio" vorzustellen. Hierfür hat der Nutzer 160 Zeichen zur Verfügung. Zudem wählt der Nutzer selbst die Hintergrundfarbe seines

---

[127] Vgl. Dehlsen u. a. 2009, S. 166.

[128] Vgl. Zarrella 2010, S. 39.

[129] Vgl. Fedossov 2009, S. 174.

[130] Vgl. Zarrella 2010, S. 39.

[131] Vgl. Fedossov 2009, S. 174.

[132] Vgl. Pfeiffer 2010, o.S.

Accounts aus. Bei Firmenkonten bietet es sich an, die Farben der Corporate Identity zu verwenden, um die Markenwahrnehmung zu verstärken.[133]

Jedem Besitzer eines Accounts ist es möglich Kurznachrichten, sogenannte Tweets, für alle oder für einen bestimmten Personenkreis zu verfassen. Er kann sie direkt auf der Internetseite von *Twitter* oder beispielsweise über verschiede Online-Dienste, SMS oder Apps veröffentlichen.

Ziel eines *Twitter*-Users ist es, möglichst viele Leser, sogenannte „Friends" zu gewinnen, welche die eigenen Beiträge verfolgen. Im Umkehrschluss kann ein *Twitter*-User auch die Kurznachrichten anderer Nutzer verfolgen (Following). Die Nutzer schaffen es so, sich ein Netzwerk aufzubauen und Bekanntheit zu erlangen. Die jeweiligen „Follower" sehen die neuen Einträge der anderen Autoren und haben die Möglichkeit, diese zu kommentieren.[134]

Verwendung von Twitter

Unternehmen, die twittern, sollten als ihren Benutzernamen den Namen der Marke oder des Unternehmens selbst wählen und eventuell das Logo als Profilbild verwenden, um die Wiedererkennung zu unterstützen.[135] Um sich in diesem Dienst zu positionieren, ist es wichtig in den Follower-Listen zu erscheinen, so dass andere Nutzer auf den eigenen Account stoßen. Je nach Absicht des Unternehmens ist es für den Aufbau eines Netzwerks ratsam, der jeweiligen Zielgruppe zu folgen.[136]

Je mehr Follower ein Nutzer hat, desto mehr Menschen lesen die eigenen Tweets. Um Follower zu finden, empfiehlt sich zu Beginn die *Twitter*-Funktion „Leute finden", bei der ein Nutzer Personen sucht, mit denen er beispielsweise bereits über E-Mail in Kontakt steht. Über die *Twitter*-Suche findet ein Unternehmen andere Nutzer, die sich mit den Produkten oder Dienstleistungen des Unternehmens auseinandersetzen, und kann deren Kommunikation folgen. So kann ein Unternehmen auf die Tweets über das Unternehmen

---

[133] Vgl. Zarrella 2010, S. 41 ff.

[134] Vgl. zu diesem Abschnitt Huber 2010, S. 111 ff.

[135] Vgl. Huber 2010, S. 113.

[136] Vgl. Huber 2010, S. 114.

reagieren und möglicherweise auf Fragen antworten, sodass ein zusätzliches Serviceangebot entsteht. Unternehmen selbst veröffentlichen meist Neuigkeiten und Angebote.[137]

Andere Unternehmen nutzen *Twitter*, um die Zielgruppe zu unterhalten und beginnen, kleinere Spiele zu veranstalten. Unternehmen sollten darauf achten, ihre Tweets in einer bestimmten Regelmäßigkeit zu schreiben, sodass ein Follower ein Gespür dafür bekommt, wann er mit Neuigkeiten zu rechnen hat.[138]

Vernetzung mit anderen Social-Media-Plattformen

Die *Twitter*-Nachrichten lassen sich leicht in andere Social Media Plattformen integrieren. So kann der *Twitter*-Eintrag in der gleichen Zeit auf der *facebook*-Pinnwand erscheinen und erreicht mehr Leser, welche möglicherweise auf den Eintrag eingehen und ihn kommentieren. Die *Twitter*-Einträge sind auf *facebook* übersichtlich und chronologisch dargestellt.[139]

Einsatz Personalbeschaffung

Die Nachrichten bei *Twitter* ändern sich sehr schnell, sodass der eigene Beitrag durch neue aktuelle Beiträge ersetzt wird, die nun an erster Stelle stehen. Darum ist es wichtig für ein Unternehmen, dass die eigenen Beiträge für die Nutzer leicht einzusehen und zu finden sind. Dasselbe gilt für die Veröffentlichung der Stellenanzeigen, deren Anzahl auf *Twitter* weiter steigt. Je größer das Netzwerk des Unternehmens ist, umso mehr potenzielle Bewerber sehen das Stellenangebot.[140]

Jedes Unternehmen, das einen eigenen Account besitzt, kann seine Nachrichten und offenen Stellen publizieren. Ist die Stellenanzeige zudem auf der Unternehmenshomepage zu sehen, kann das Unternehmen diese mit der *Twitter*-Nachricht verlinken. So erhält ein potenzieller Bewerber dort beispielsweise Zusatzinformationen zum Stellenangebot.[141]

---

[137] Vgl. Zarrella 2010, S. 46 f.

[138] Vgl. Bernauer u. a. 2011, S. 73 ff.

[139] Vgl. Huber 2010, S. 117 f.

[140] Vgl. Fedossov u. a. 2009, S. 175 f.

[141] Vgl. Fedossov u. a. 2009, S. 187 f.

Der Tweet für eine Stellenanzeige könnte beispielsweise so aussehen:

#Ort: Stelle (m/w) Unternehmen Link #jobs

Beispiel: #München: Leitung Marketing (m/w) Meier GmbH http://bit.ly/14azR5 #jobs[142]

Für ein Unternehmen, das beabsichtigt, eine Vielzahl von offenen Stellen zu twittern, bietet *Twitter* zudem eine Job-Suchmaschine an, die über jobtweet.de erreichbar ist. Bei Jobtweet handelt es sich um einen Anbieter, der die Stellenanzeige für das Unternehmen veröffentlicht.[143]

Verwendet ein Unternehmen den Dienst *Twitter*, ist es wichtig, dies langfristig zu tun, um ein eigenes Netzwerk aufzubauen und eine dauerhafte Kommunikation anzustreben.[144] Im Wesentlichen unterscheidet sich die Bekanntgabe einer offenen Stelle bei *Twitter* unerheblich von der Publikation auf traditionellem Weg. Die Bewerber müssen auch hier selbst nach offenen Stellenangeboten suchen, d. h. das Unternehmen spricht vor allem diejenigen an, die gerade auf der Suche nach einer neuen Arbeitsstelle sind. Haben diese ein interessantes Stellenangebot für sich selbst entdeckt, ist es unwahrscheinlich, dass sie die offene Stelle an andere weitergeben. Um weitere Bewerber anzusprechen, ist es sinnvoll, die eigenen Mitarbeiter als Multiplikatoren einzusetzen. Diese tweeten die offenen Stellenanzeigen mit ihrem privaten Account und erreichen so eine höhere Reichweite. Unternehmen können dazu durch Gutscheine oder kleine Bezahlungen einen Anreiz für die Mitarbeiter schaffen.[145]

---

[142] Vgl. Jacobsmühlen 2009, o. S.

[143] Vgl. Fedossov u. a. 2009, S. 187 f.

[144] Vgl. Fedossov u. a. 2009, S. 175 f.

[145] Vgl. Jacobsmühlen 2009, o. S.

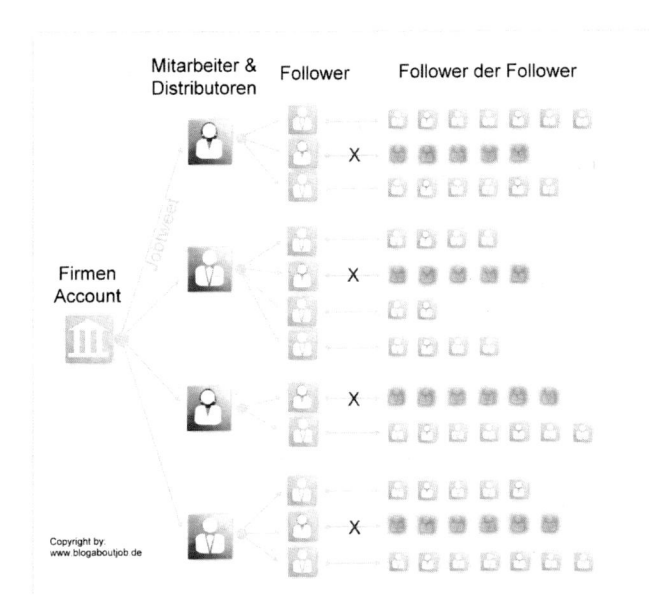

Abbildung 6: Personalbeschaffung mit Twitter[146]

3.2.2.3 Businessnetzwerke

Auf Businessnetzwerken findet ein Informationsaustausch statt, bei dem (Ex-)Mitarbeiter eines Unternehmens möglicherweise als Multiplikatoren dienen. So kommt es vor, dass ein potenzieller Bewerber eines Unternehmens in einem Businessnetzwerk einen (ehemaligen) Mitarbeiter über das Unternehmen ausfragt und im Anschluss abwägt, ob er eine Bewerbung abschickt.[147] In Businessnetzwerken geht es bei der Kommunikation meist darum, sich mit Geschäftspartnern oder potenziellen Bewerbern auszutauschen. Die Unternehmensinformationen müssen dementsprechend anders aufbereitet sein als in Sozialen Netzwerken.[148] Das Businessnetzwerk *Xing* ist neben *LinkedIn* das bekannteste in Deutschland.

---

[146] Vgl. Jacobsmühlen 2009, o.S.

[147] Vgl. Bernauer u. a. 2011, S. 94.

[148] Vgl. Zarrella 2010, S. 95.

Xing

Das Netzwerk kann von Unternehmen aller Branchen genutzt werden. Unternehmen sind darauf aus, sich bei *Xing* als Arbeitgeber zu präsentieren, Beziehungen zu pflegen oder Kunden zu akquirieren.[149] Die Kontakte lassen sich in *Xing* leicht knüpfen. So schlägt das Netzwerk dem Nutzer Kontakte vor, die beispielsweise die gleichen Interessen oder den gleichen Arbeitgeber haben. Möchte der Nutzer einen anderen direkt ansprechen, versendet er eine Anfrage zur Kontaktaufnahme, bei der er den Grund der Anfrage erläutern sollte.[150] Des Weiteren existieren bei *Xing* Gruppen, in denen Mitglieder Informationen austauschen und diskutieren. Wenn Mitarbeiter des eigenen Unternehmens daran teilnehmen, stärkt es die Präsenz des Unternehmens auf der Plattform. Hier bietet es sich auch für kleinere Unternehmen an, Engagement zu zeigen, um den Bekanntheitsgrad bei der Zielgruppe zu erhöhen.[151] Insgesamt kann sich ein Unternehmen auf *Xing* besser präsentieren als bei *LinkedIn*, bei dem die Kommunikation im Vordergrund steht.[152]

LinkedIn

LinkedIn ist vor allem in Europa sehr bekannt. Daher eignet es sich für Unternehmen, die international tätig sind. Stellt ein Nutzer eine Frage an das Netzwerk, ist es für Unternehmen ratsam, sich bei der Beantwortung möglichst früh einzubringen. Wird die Antwort zu „der besten" gewählt, ändert sich der Status des Unternehmens hin zu einem „Experten". Dies schafft Aufmerksamkeit und das Unternehmen kann sich etablieren.[153]

Vernetzung mit anderen Social Media Plattformen

Das Unternehmen kann die *Xing*-Profile der Mitarbeiter mit der Unternehmenshomepage verlinken. So erscheint auf der Homepage ein Bild des Mitarbeiters mit einem dazugehörigen Kurzprofil der Karrierelaufbahn und der Tätigkeiten beim Unternehmen selbst. Am Ende der Vorstellung ist ein Button mit dem Verweis auf das *Xing*-Profil platziert. Dort

---

[149] Vgl. Fedossov u. a. 2009, S. 92.

[150] Vgl. Zarrella 2010, S. 93.

[151] Vgl. Zarrella 2010, S. 95 f.

[152] Vgl. Zarrella 2010, S. 90.

[153] Vgl. Zarrella 2010, S. 99.

kann der potenzielle Bewerber mit dem jeweiligen Mitarbeiter in Kontakt treten und gegebenenfalls Fragen stellen.[154]

Die vorgestellten Businessnetzwerke *Xing* und *LinkedIn* haben integrierte Schnittstellen für die Plattform *Twitter*, so dass sich dadurch der Arbeitsaufwand für Unternehmen verringert. Schreibt ein Unternehmen eine Statusmeldung bei *Xing*, wird sie automatisch bei *Twitter* angezeigt. Das Unternehmen muss jeweils selbst abwägen, ob es diese Funktion aktiviert. Je nach Meldung kann es sinnvoll sein, oft kommunizieren Unternehmen aber unterschiedliche Nachrichten auf den Plattformen. Dies ist unter anderem abhängig von der Zielgruppe.[155]

Einsatz in der Personalbeschaffung

Unternehmensprofile können bei *Xing* unterschiedlich gestaltet sein. Sind die Gestaltungsmöglichkeiten bei der untersten Stufe sehr gering, bieten die Standard- und Premiumstufe für die Unternehmenspräsentation mehr Freiraum. Diese beiden Stufen sind allerdings kostenpflichtig.[156] Zahlt ein *Xing*-Nutzer für sein Profil, ist es ihm möglich zu sehen, wer das eigene Profil aufruft und sich für das Unternehmen interessiert.[157]

Um potenzielle Bewerber auf das Unternehmensprofil aufmerksam zu machen, gibt das Unternehmen unter den Rubriken „Ich suche" und „Ich biete" Stichworte ein. Sucht ein potenzieller Bewerber eine Stelle als Systemadministrator und das Unternehmen hat dieses Stichwort im eigenen Profil hinterlegt, gelangt er möglicherweise auf die Unternehmensseite. So ist es für Unternehmen wichtig, die Stichwörter sorgfältig auszuwählen.

Des Weiteren kann das Unternehmen seinen Personalbedarf in seinen Statusmeldungen artikulieren. Die Statusmeldung ist für die eigenen Kontakte einsehbar. Möglicherweise geben die erreichten Kontakte die Stellenanzeige an ihre Kontakte weiter.[158] Für die Publikation von Stellenanzeigen bietet *Xing* Personalern außerdem den sogenannten Marketplace.[159] Dieser ist eine kostengünstige Methode, da das Unternehmen nur bezahlt,

---

[154] Vgl. Bernauer u. a. 2011, S. 98.

[155] Vgl. Zarrella 2010, S. 91.

[156] Vgl. Zarrella 2010, S. 95.

[157] Vgl. Huber 2010, S. 69.

[158] Vgl. Fedossov u.a. 2009, S. 111.

[159] Vgl. Bernauer u. a. 2011, S. 51 f.

wenn ein Nutzer die Stellenanzeige aufruft. Auch hier ist es für Unternehmen wichtig, passende Stichworte zu wählen, um möglichst die gewünschte Zielgruppe anzusprechen. Ein Unternehmen kann die Stellenanzeige zusätzlich in *Xing*-Gruppen einstellen, dabei muss es allerdings ein Mitglied der Gruppe sein.[160] Auch *LinkedIn* bietet eine Stellenbörse an, auf der Unternehmen ihre Stellenanzeigen publizieren. Allerdings fallen für das Unternehmen für die Benutzung Kosten an.[161]

3.2.2.4 Soziale Netzwerke

Soziale Netzwerke sind darauf ausgelegt, Kontakte mit anderen Nutzern im Internet herzustellen. Dies können Personen sein, die Nutzer aus ihrem realen Leben kennen oder rein virtuelle Bekanntschaften.[162] Oftmals haben diese Netzwerke Zusatzfunktionen, sodass angemeldete Nutzer virtuell Fotoalben erstellen und sich über ihre Profilseiten Nachrichten schreiben können. Der Nutzer bestimmt selbst, welche persönlichen Informationen für andere sichtbar sind. Soziale Netzwerke ermöglichen zwischen den Nutzern eine ortsunabhängige Kommunikation.

Im Laufe der Zeit entwickelten sich Soziale Netzwerke mit unterschiedlichen Ausrichtungen. Neben den bereits vorgestellten Businessnetzwerken existieren Soziale Netzwerke, die sich auf bestimmte Regionen und Interessen beziehen oder spezielle Gruppen der Gesellschaft als Zielgruppe haben. Besonders Netzwerke, die auf die Pflege von Freundschaften zielen, sind in den letzten Jahren stark gewachsen.[163]

Die Nutzer veröffentlichen Statusmeldungen, laden Videos und Podcasts hoch und kommentieren ihre Beiträge gegenseitig. Sie wählen dabei zwischen einer öffentlichen Kommunikation oder dem Versenden von privaten Nachrichten an bestimmte Kontakte. Die Nutzer lassen sich gegenseitig an ihrem Leben teilhaben.[164] Zu dieser Gruppe zählt das

---

[160] Vgl. Fedossov u. a. 2009, S. 112.

[161] Vgl. Fedossov u. a. 2009, S. 114.

[162] Vgl. Zarrella 2010, S. 61.

[163] Vgl. zu diesem Abschnitt Bernauer 2011, S. 50.

[164] Vgl. Fedossov u. a. 2009, S. 133.

Soziale Netzwerk *facebook*, das im Juni 2011 auf rund 18.642.000 Nutzer kam[165] und die meisten Nutzer in den Altersklassen bis 50 aufweist.[166] (Vgl. Abb.7)

Großteil der Mitglieder beteiligt sich aktiv
Aktive Nutzung sozialer Netzwerke

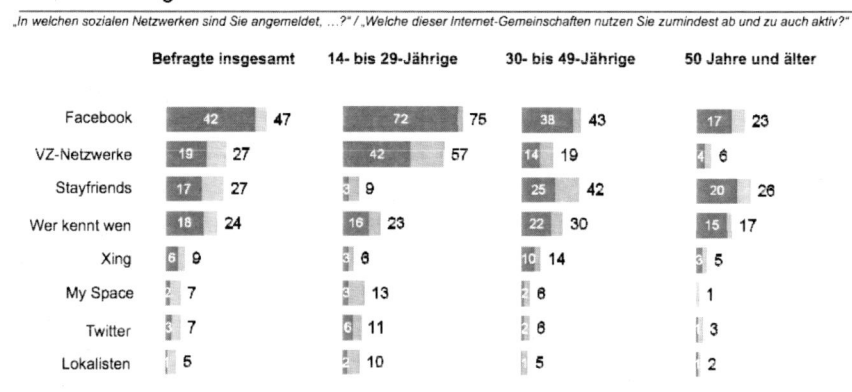

BITKOM

„In welchen sozialen Netzwerken sind Sie angemeldet, …?" / „Welche dieser Internet-Gemeinschaften nutzen Sie zumindest ab und zu auch aktiv?"

	Befragte insgesamt	14- bis 29-Jährige	30- bis 49-Jährige	50 Jahre und älter
Facebook	42 / 47	72 / 75	38 / 43	17 / 23
VZ-Netzwerke	19 / 27	42 / 57	14 / 19	4 / 6
Stayfriends	17 / 27	3 / 9	25 / 42	20 / 26
Wer kennt wen	18 / 24	16 / 23	22 / 30	15 / 17
Xing	6 / 9	3 / 8	10 / 14	3 / 5
My Space	2 / 7	4 / 13	2 / 6	1
Twitter	3 / 7	6 / 11	2 / 6	3
Lokalisten	2 / 5	2 / 10	2 / 5	2

Abbildung 7: Nutzung von Social Media nach Altersklassen[167]

Die Möglichkeiten der Sozialen Netzwerke werden im Folgenden am Beispiel von *facebook* aufgezeigt.

Facebook bietet für Unternehmen eine Plattform, auf der sie mit ihrer Zielgruppe einen Dialog beginnen und Informationen weitergeben kann. Bei einer entsprechenden Gestaltung der Seite wirkt das Unternehmen authentisch und wird von der Zielgruppe als Arbeitgeber wahrgenommen. Funktionen wie die Einbindung von Videos oder *Twitter*-Feeds verstärken die Außendarstellung.[168] Für Unternehmen gibt es die Möglichkeit, ein öffentliches Profil, eine sogenannte „offizielle Seite", einzurichten. *Facebook*-Nutzer, die auf dieser Seite den „Gefällt-mir"-Button anklicken, werden so ab diesem Zeitpunkt über die Neuigkeiten auf dem Unternehmensprofil informiert. Auf der „Pinnwand", einer Seite des Profils, auf der zumeist die Kommunikation stattfindet, geht das Unternehmen auf die Fragen

---

[165] Vgl. Allfacebook 2011, o.S.

[166] Vgl. Bitkom 2011, S.4

[167] BITKOM 2011, S.4

[168] Vgl. Bernauer 2011, S. 56.

oder Anmerkungen der Zielgruppe ein. Des Weiteren richten Unternehmen häufig weitere Seiten auf dem Profil ein, um dort über Events zu informieren oder Fotos online zu stellen.[169] Personaler können das Unternehmen und die vakanten Stellen in verschiedene Varianten auf *facebook* platzieren:

Karriereseiten

Karriereseiten auf *facebook* stellen die Kommunikation mit der Zielgruppe in den Vordergrund. Ein Unternehmen sollte es auf der Seite vermeiden, Werbung für die eigenen Produkte zu schalten, sondern stattdessen Hintergrundinformationen geben, die das Unternehmen als Arbeitgeber präsentieren. Einige Unternehmen bevorzugen dazu Erfahrungsberichte oder Ankündigungen zu Veranstaltungen. Wichtig ist, die Seite regelmäßig zu pflegen und neue Posts zu veröffentlichen. So lassen sich in einem Redaktionsplan Themen oder Daten festhalten, die sich für die Zielgruppe eignen.

Unternehmen führen die Zielgruppe oft auf eine „Landing-Page", bevor sie auf die Pinnwand gelangt. Die „Landing-Page" eignet sich beispielsweise für die Durchführung von Gewinnspielen, sodass bereits zu Beginn eine Interaktion stattfindet.[170]

Großunternehmen wie die *Audi AG*[171] schalten eigene Karriereseiten auf *facebook*. Die *Audi AG* zielt mit der Kommunikation auf der Plattform die Zielgruppe der Studenten und Absolventen an und präsentiert sich dort als innovativer Arbeitgeber. Neben der Kommunikation auf der Pinnwand integriert die *Audi AG* vor allem Filme und Fotos, um den potenziellen Bewerbern einen Blick in den Arbeitsalltag zu gewähren. Auf der Pinnwand veröffentlicht sie beispielsweise Interviews mit Personalern, sodass die Zielgruppe erkennt, auf was es bei einer Bewerbung ankommt und welche Phasen die Bewerbung im Unternehmen durchläuft. Die Pinnwand gibt der Zielgruppe einen Mehrwert, indem Unternehmen schnell auf die Fragen antworten und auf Veranstaltungen hinweisen, bei denen sie für ein persönliches Kennenlernen zur Verfügung stehen. Mitarbeiter, die für die Karriereseite verantwortlich sind, bekamen im Vorfeld Richtlinien, die sie bei der Kommunikation berücksichtigen. Dies betrifft unter anderem die Länge der Posts oder den Sprachstil.[172]

---

[169] Vgl. Zarrella 2010, S. 77.

[170] Vgl. Rieder 2011, o. S.

[171] Siehe: http://www.facebook.com/audikarriere.

[172] Vgl. Groß u. a. 2011, S. 58ff.

Marketplace

Der Marketplace ist der Bereich auf *facebook*, der für die Schaltung der Stellenanzeigen vorgesehen ist. Personaler schalten ihre Anzeige kostenlos und füllen nur wenige Felder aus bis die Anzeige erscheint. Es ist wichtig, die Stellenanzeige in der Kategorie „Jobs" zu veröffentlichen, sodass sie für die anderen Nutzer leicht zu finden ist.[173]

Pay-per-Click Werbung

Die Pay-per-Click-Werbung ist für Unternehmen sinnvoll, die ihre Zielgruppe genau kennen und diese über Social-Media erreichen wollen. So ist es bei *facebook* für Personaler möglich, eine Anzeige zu schalten, die nur bei der ausgewählten Zielgruppe auf den Profilen erscheint. Die Kosten einer solchen Anzeige sind unter anderem davon abhängig, wie viele Unternehmen diese Zielgruppe mit ihren Stellenanzeigen umwerben und wie oft die anvisierte Zielgruppe auf die geschaltete Anzeige klickt.[174]

Vernetzung mit anderen Social-Media-Plattformen

Mithilfe eines RSS-Feed-Readers lassen sich die Nachrichten des Blogs in das Unternehmensprofil auf *facebook* übertragen. Dasselbe gilt für die *Twitter*-Meldungen, die mithilfe der *Twitter*-App zusätzlich zeitgleich auf *facebook* erscheinen. Für Unternehmen verringert sich der Arbeitsaufwand, da es dieselbe Nachricht nur einmal verfasst, diese aber auf verschiedenen Social Media Plattformen erscheint.[175]

3.2.2.5 Video, Podcast, Bilder

Einige Menschen nehmen Botschaften und Inhalte besser auf, wenn sie mit Bildern oder zusätzlich mit Tönen gestaltet sind. So nutzen Unternehmen diese Portale häufig, um ihr Unternehmen oder einzelne Produkte/Dienstleistungen zu vermarkten. Im Grunde genommen hat jeder Nutzer die Möglichkeit, auf diesen Plattformen eigene Bilder oder Videos zu speichern und sie so für Eigenmarketing zu nutzen.[176] Derartige Plattformen werden als Content-Sharing-Communities bezeichnet.[177]

---

[173] Vgl. Fedossov 2009, S. 144.

[174] Vgl. Fedossov u. a. 2009, S. 144.

[175] Vgl. Zarrella 2010, S. 79.

[176] Vgl. Weinberg 2010, S. 297 f.

[177] Vgl. Cleffmann 2010, S.15

Video

Einige Unternehmen nutzen Video-Plattformen wie *Youtube* für das Produktmarketing, wobei sie zunehmend Anwendung im Recruiting finden. Videos wirken durch ihre Bewegtbildinhalte authentisch und können ein Unternehmen möglichst real repräsentieren und Aufmerksamkeit erregen, so dass sich die Zielgruppe daran erinnert. Dies geschieht am Besten, wenn das Unternehmen die Corporate Identity oder den Claim in das Video integriert, da diese Elemente die Wiedererkennung unterstützen. Um mehr Menschen mit einem Video zu erreichen, stellen Unternehmen es auf der Homepage zur Verfügung, aber auch auf speziellen Videoplattformen wie beispielsweise *Youtube* Die weitere Verteilung kann über andere Social Media Kanäle wie *Twitter* erfolgen.[178]

Besonders für die Personalbeschaffung bieten sich neue Möglichkeiten, die Unternehmensinformationen zu präsentieren. Videos als Recruiting-Instrument eignen sich, um derzeitige Mitarbeiter vorzustellen, mit denen der potenzielle Bewerber möglicherweise in Kontakt kommt. Der Bewerber bekommt so einen Eindruck vom Unternehmen, den Mitarbeitern und seinem möglichen Arbeitsplatz. So kann er schon im Vorfeld entscheiden, ob er es sich vorstellen kann, dort zu arbeiten. Dies verhindert eine Fluktuation, da sich gegebenenfalls einige Arbeitssuchende gegen eine Bewerbung entscheiden, wenn sie sich nicht mit dem Unternehmen identifizieren. Für die Authentizität ist es wichtig, dass das Unternehmen keine Testimonials einsetzt, sondern eigene Mitarbeiter integriert. Je nach Zielgruppe können die Inhalte und Aussagen angepasst werden.[179] *Tchibo* entwickelte dazu einen virtuellen Unternehmensrundgang, bei dem der Betrachter an verschiedenen Stellen Informationen per Videos erhält, in denen Mitarbeiter über ihren Werdegang und ihre Aufgaben bei Tchibo berichten. Der Betrachter wählt selbst aus, welche Bereiche er während des Rundgangs besucht. Besonders in der Kommunikation mit Nachwuchskräften kann ein Video zu einem Wettbewerbsvorteil werden. So können sie sich vorstellen, wie es anderen Nachwuchskräften bei ihrem Berufseinstieg ging und wie sich diese bei *Tchibo* weiterentwickelten.[180]

---

[178] Vgl. Bernauer 2011, S. 83 ff.

[179] Vgl. Bernauer 2011, S. 83 f.

[180] Vgl. Diercks 2008, S. 167 ff.

Podcast

Podcasts sind Audio- oder Videodateien, welche Nutzer aus dem Internet auf Wunsch selbst herunterladen. Dabei handelt es sich meist um Musikdateien oder Dateien, die Wissen vermitteln, wie Nachrichten oder der Unterhaltung dienen. So bietet beispielsweise die *Tagesschau* jede Sendung im Nachhinein als Podcast an.[181] Die Verbreitung des Podcasts ist auf jeder Social Media Plattform möglich. Je nach Zielgruppe stimmt das Unternehmen die Inhalte ab.[182] Um viele Menschen zu erreichen, lohnt es sich, den Podcast auf iTunes zur Verfügung zu stellen und das eigene Soziale Netzwerk darauf hinzuweisen.[183] Unternehmen neigen zudem dazu, Informationen zunehmend als Podcast zu veröffentlichen. So bieten sie beispielsweise einen Mehrwert für potenzielle Bewerber, die Informationen zu den Stellenanzeigen oder zum Bewerbungsverfahren über einen Podcast erhalten.[184]

Bilder

Flickr ist eine bekannte Social Media Plattform, bei der die Nutzer Fotos online stellen. Das Netzwerk legt auf eine persönliche Nutzung Wert und unterbindet Marketingmaßnahmen von Unternehmen. In der Profilseite ist es möglich, die Profilbesucher auf ein Produkt oder eine Dienstleistung hinzuweisen. Der kommerzielle Zweck muss dabei im Hintergrund bleiben. Jeder Nutzer kann seinem Bild eine Beschreibung anfügen, in der er Zusatzinformationen gibt, jedoch keine Werbung betreibt.[185] Für die Personalbeschaffung ist keine Jobbörse in dieser Community integriert. Allerdings stellen Unternehmen ihre Stellenanzeigen in Form von Bildern online und versehen sie mit entsprechenden Stichworten. Nutzer, die dann nach bestimmten Bildern suchen und Suchbegriffe eingeben, erhalten bei Übereinstimmung der Stichworte die Stellenanzeige des Unternehmens.[186]

---

[181] Vgl. Bernauer 2011, S. 83.

[182] Vgl. Huber 2010, S. 47 f.

[183] Vgl. Weinberg 2010, S. 332.

[184] Vgl. Bernauer 2011, S. 83 f.

[185] Vgl. Weinberg 2010, S. 298 ff.

[186] Vgl. Fedossov u. a. 2009, S. 165.

3.2.3 Verifizierung von Kandidaten

Personalabteilungen verwenden Social Media vor allem für das Recruiting, setzen diese aber auch ein, um die Bewerber zu überprüfen. Dies betrifft zumeist Bewerber, die als besonders geeignet für vakante Positionen gelten. Des Weiteren überprüfen Personaler im Internet vor allem Bewerber, die sich für eine Führungsposition interessieren oder Fachkräfte verschiedener Branchen. Bisher wurden nach Angaben der Personaler aber kaum Bewerber aufgrund ihrer Reputation im Internet abgelehnt.[187] Die Überprüfung von Bewerbern wird auch als „Pre-Employment-Screening" oder „Background-Check" bezeichnet. Sie haben zum Ziel, die Eignung des Bewerbers für die vakante Position festzustellen, um so eine Fehlentscheidung zu verhindern. Bei der traditionellen Personalbeschaffung nutzten Personaler das Vorstellungsgespräch oder kontaktierten vorherige Arbeitgeber, um Rückschlüsse auf den Bewerber und seine Fähigkeiten zu ziehen. Mithilfe des Internets und der Sozialen Netzwerke suchen Personaler beispielsweise in *Xing* nach zusätzlichen Informationen über den Bewerber, bevor sie diesen kontaktieren.[188] Personaler haben bei dem Screening jedoch das Datenschutzgesetz zu beachten, insbesondere die Paragrafen zum Arbeitnehmerdatenschutz. Demzufolge ist es Personalern gestattet, beispielsweise weiterhin das Vorstrafenregister einzusehen, wenn sie damit die Interessen des Unternehmens wahren und die Informationen besondere Relevanz für die vakante Position haben. Die Recherchen in Social Media sind rechtmäßig, solange sich das Netzwerk an Unternehmen richtet. Zu dieser Netzwerkgruppe gehören die Businessnetzwerke wie *Xing* oder *LinkedIn*.[189] Um an personenbezogene Daten zu gelangen, eignet sich beispielsweise die Referenzsuche:

Referenzsuche *LinkedIn*

Personaler erreichen die Referenzsuche bei *LinkedIn* über die erweiterte Suche. Ausschließlich zahlende Nutzer können die Referenzsuche verwenden, die Aufschluss darüber gibt, ob innerhalb des Netzwerks eine Person tätig ist, die dem Personaler Auskunft über einen Bewerber geben kann. Dabei handelt es sich zumeist um Personen, die bei dem ehemaligen Arbeitgeber des Bewerbers arbeiten und diesen kennen.[190]

---

[187] Vgl. Jacobsmühlen 2010, S. 6-24.

[188] Vgl. HRM Research Institute GmbH, o. J., o. S.

[189] Vgl. Keller 2010, o. S.

[190] Vgl. Fedossov u. a. 2009, S.115.

Über die „Einfache Suche" in *facebook* ist es Personalern zudem möglich, Bewerber ausfindig zu machen und zu prüfen.

Einfache Suche *facebook*

Zum einen ist die einfache Suche unter www.facebook.com/srch.php für angemeldete Sucher möglich. Hier gibt der Personaler in den drei Feldern „Suche nach Name oder E-Mail", „Klassenkameradensuche" und „Suche nach Unternehmen" die ihm bekannten Daten ein. Gibt die Suche nach dem Namen kein Ergebnis, da der Nutzer sein Profil vor der Suche geschützt hat, gibt es die Möglichkeit über das Feld „Klassenkameradensuche" die Bildungseinrichtung und/oder das Abschlussjahr einzugeben. Dasselbe Verfahren funktioniert über die „Suche nach Unternehmen", wo der Personaler als Suchkriterium beispielsweise den derzeitigen Arbeitgeber einträgt.[191]

Da diese Netzwerke dem privaten Zweck dienen, ist die Suche hier jedoch rechtswidrig. Stößt ein Personaler durch eine allgemeine Suchmaschine wie *Google* auf ein Kandidatenprofil, ist die Suche rechtmäßig.[192] Allerdings geben viele Personaler an, für diese Methode zu wenig Zeit zu haben und sich je nach vakanter Position auf die Angaben und Qualifikationen des Bewerbers zu verlassen.[193]

3.2.4 Aktive Kandidatensuche

Personaler haben durch das Web 2.0 Zugriff auf eine Vielzahl von personenbezogenen Daten, die Nutzer eingeben, wenn sie sich auf Social Media Plattformen registrieren. Sie können durch eine aktive Suche die Daten potenzieller Mitarbeiter sammeln und diese direkt kontaktieren. Da die Datenmenge der Nutzer sehr groß ist und die Daten teilweise unstrukturiert vorliegen, ist es für Personaler umso wichtiger, systematisch zu suchen. Hierzu existieren je nach Social Media Plattform verschiedene Webanwendungen, die Personalern die Suche erleichtern.[194]

---

[191] Vgl. Fedossov u. a. 2009, S. 135 f.

[192] Vgl. Keller 2010, o. S.

[193] Vgl. Jacobsmühlen 2010, S. 20.

[194] Vgl. Fedossov u. a. 2009, S. 92.

Blogs

Blogger geben auf ihren Homepages meist Informationen über ihren Beruf und ihre Interessen preis. Einige von ihnen schreiben unter anderem über Themen, die sich mit bestimmten Branchen beschäftigen, wodurch Unternehmen möglicherweise Fachkräfte erkennen. Die Suche nach Personen über Blogs ist allerdings sehr aufwendig, da der Autor die persönlichen Daten freiwillig angibt. Die Form der Angabe ist zudem unterschiedlich. Einige neigen dazu, sich in einem kurzen Text vorzustellen, andere verwenden Stichworte für ihre Kurzbiografie.

Blog-Suchmaschinen sind Instrumente, die die Suche nach relevanten Personen erleichtert. Sie durchsuchen allerdings nur Blogs, die in einer Datenbank eingetragen sind. Neben der *Google* Blog-Suche stehen dem Unternehmen Blog-Suchmaschinen wie *Technorati* oder *Icerocket* zur Verfügung. Die Blog-Suche von *Google* hat den Vorteil, dass Unternehmen Operatoren und Schlüsselwörter verwenden können, um die Ergebnisse einzuschränken und zu präzisieren. Suchen Unternehmen mit einer herkömmlichen Suchmaschine, wie beispielsweise *Google*, erscheinen alle Ergebnisse, die im Zusammenhang mit den Suchwörtern stehen. Aus ihnen filtert das Unternehmen im Anschluss die Blogs heraus. Das Unternehmen kann die Ergebnisse vorab – durch die Eingabe mit Operatoren – einschränken oder die Suchmaschine nur nach bestimmten URLs und Plattformen suchen lassen. Es bekommt so einen Überblick, wer zu branchenspezifischen Themen postet, und kann interessante Autoren kontaktieren. Des Weiteren besteht die Möglichkeit, dass *Google* die Kurzbiografien der Autoren nach deren Berufsbezeichnung durchsucht.[195]

Twitter

Einige *Twitter*-Nutzer geben bereits in ihrem Profil Auskunft über ihren Beruf. Um aus der Vielzahl der Nutzer die potenziellen Mitarbeiter herauszufiltern, hat das Unternehmen bei *Twitter* verschiedene Anwendungen zur Verfügung. *Twitter* ermöglicht eine Personensuche, bei der das Unternehmen den Namen der Person und/oder die „Location" eingibt. Diese Suche ist vor allem sinnvoll, wenn ein Unternehmen mehrere Personen aus der gleichen Umgebung sucht.

Des Weiteren existiert eine weitere Suche, die zusätzliche Optionen beinhaltet. Die Suche ist über search.twitter.com erreichbar. Sucht ein Unternehmen beispielsweise Stellenge-

---

[195] Vgl. Fedossov u. a. 2009, S. 168-173.

suche, kann es den Bereich, in dem eine Vakanz besteht, sowie einen dazugehörigen „Hashtag"[196] auswählen:

Marketing #Jobsuche

Dabei durchsucht das System die Einträge der *Twitter*-Nutzer und bringt sie in eine chronologische Reihenfolge. Allerdings berücksichtigt die erweiterte Suche die einzelnen Angaben in den Accounts nicht. Möchte das Unternehmen die Suche mehrmals durchführen, kann das Unternehmen bei der erweiterten Suche einen Agenten einrichten. So bekommt es automatisch die neuen Ergebnisse für die Suche durch das Programm Feed-Reader auf einer zentralen Plattform aufgelistet.[197]

Businessnetzwerke

Xing

50% der *Xing*-Profile lassen sich über eine Suchmaschine wie *Google* finden. Dazu nutzt ein Unternehmen die Operatoren, mithilfe derer *Xing*-Profile mit den gesuchten Bezeichnungen aufgerufen werden. Sucht ein Unternehmen beispielsweise einen Marketingfachmann aus Stuttgart in *Xing*, gibt es in der *Google*-Suche Folgendes ein:

Site:xing.com inurl:profile intext:Marketingfachmann AND Stuttgart

Es erhält im Anschluss eine Liste von Profilen, die möglicherweise für das Unternehmen interessant sind. Diese Art der Suche hat für das Unternehmen den Nachteil, dass es nicht unmittelbar eine *Xing*-Nachricht schicken kann, wenn es nicht angemeldet ist. Es sieht, sofern der Nutzer die Angaben gemacht hat, den beruflichen Werdegang. Anhand des Werdegangs kann es bereits einschätzen, ob es sich um einen potenziellen Kandidaten handelt und eine Vorauswahl treffen. Über die *Google*-Suche sieht das Unternehmen bei der Eingabe von Operatoren ebenso die Beiträge und Artikel, die ein Nutzer in *Xing* veröffentlicht hat:

Site:xing.com inurl:forum intext:"Vorname Name"

Zusätzlich ist es für Unternehmen auch innerhalb des Netzwerks möglich, nach Gruppen zu suchen, die sich mit einer Branche beschäftigen und so auf Nutzer aufmerksam wer-

---

[196] Ein Hashtag ist ein Schlüsselwort, das dazu dient, Inhalte zu bestimmen. Vgl. Fedossov 2009, S. 203.

[197] Vgl. Fedossov 2009, S. 177 ff.

den, die durch ihr Fachwissen überzeugen. Durch weitere Operatoren und Stichwörter lässt sich die Ergebnisliste weiter einschränken. Die Kandidatenrecherche in *Xing* erfasst die gesamten Profile der Nutzer.

Die Stichwortsuche ist für jeden angemeldeten Nutzer möglich. Dabei nutzen Unternehmen auch Operatoren. Hier ist es notwendig, möglichst präzise Stichworte zu verwenden, um nicht zu viele Ergebnisse zu erhalten. Diese Form der Suche ist sehr umfangreich und kann viel Zeit in Anspruch nehmen, da Unternehmen häufig erst mit Operatoren und Stichwörtern experimentieren.

Die „erweiterte Suche" hingegen ist nur für Premium-Mitglieder bestimmt. Das Unternehmen wählt vorab, ob die Suche sich auf einen bestimmten Kontaktkreis beschränken soll oder über alle *Xing*-Profile durchgeführt wird. Ansonsten ist die Suche in die Bereiche „Person", „Business" und „Adresse geschäftlich" gegliedert, sodass Unternehmen viele Angaben machen können, um eine genaue Ergebnisliste zu erhalten. Die Suche sollte soweit eingeschränkt sein, dass *XING* als Ergebnis höchstens 300 Treffer anzeigt, da weitere Ergebnisse nicht einsehbar sind. Will das Unternehmen die Suche mehrmals durchführen, gibt es die Möglichkeit, einen Suchagenten einzurichten.[198]

---

[198] Vgl. Fedossov u. a. 2009, S. 95-112.

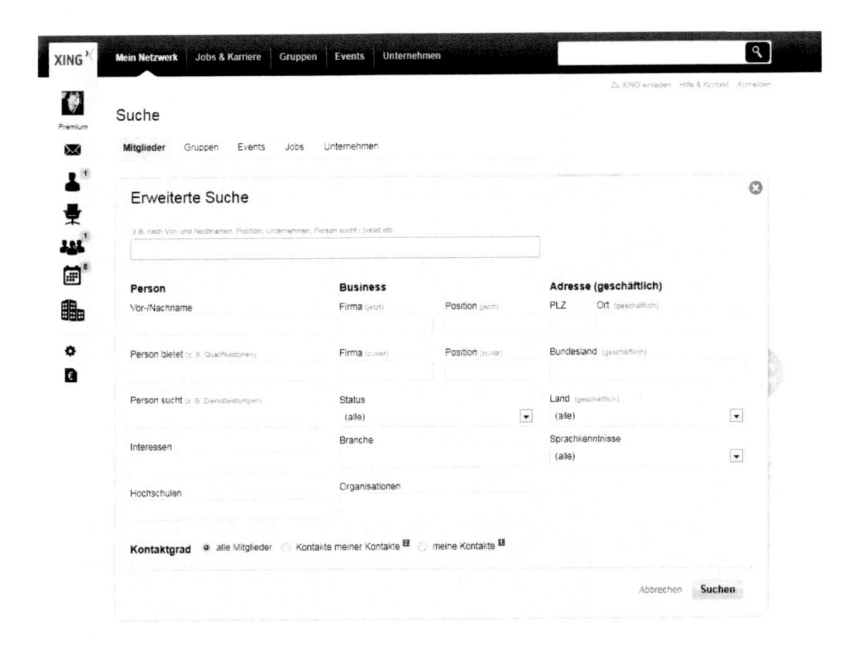

Abbildung 8: Erweiterte Suche bei Xing[199]

LinkedIn

LinkedIn ist als kostenlose Plattform in ihrer Funktion sehr eingeschränkt, kann aber für die Kandidatenrecherche ausreichen. Die kostenpflichtige Variante bietet eine Vielzahl von Möglichkeiten, die vor allem für Großunternehmen geeignet sind. Unternehmen haben über die erweiterte Suche die Möglichkeit, den Namen von Personen oder Referenzen einzugeben.

Die Personensuche ist für jeden Nutzer verfügbar. Dabei durchsucht *LinkedIn* die Profile der Nutzer nach den Kriterien des Unternehmens. Die Handhabung ist sehr einfach, da das Unternehmen die Kriterien in eine Suchmaske eingibt und bei Bedarf mit Operatoren arbeitet. Nutzer mit einem kostenlosen Account haben allerdings nicht auf alle Profile Zugriff.

Das Unternehmen umgeht die Suchmaske, wenn es sich für die Stichwortsuche entscheidet. *LinkedIn* hat neben den allgemein bekannten Operatoren zusätzlich eigene, die Unternehmen dort für die Suche verwenden.

---

[199] https://www.xing.com/app/search?op=combined;advanced_form=open, Zugriff am 29.06.2011

Unternehmen haben wie bei *Xing* die Möglichkeit, mit externen Suchmaschinen *LinkedIn*-Profile zu finden, wenn die Nutzer diese freigegeben haben. Die Suchmaschine durchsucht die gesamte Datenmenge im Internet, während die *LinkedIn*-Suche auf die einzelnen Bereiche eines Profils fokussiert ist. Will das Unternehmen nur Ergebnisse sehen, die mit *LinkedIn* im Zusammenhang stehen, hat es mit Operatoren zu arbeiten.[200]

Soziale Netzwerke

Facebook ist ein Soziales Netzwerk, in dem die Nutzer vor allem in ihrer Freizeit tätig sind. Dennoch geben sie zumeist an, welche Schule sie besucht haben, wo sie ihre Ausbildung oder ihr Studium aufgenommen haben oder bei welchem Arbeitgeber sie beschäftigt sind. Da jeder Nutzer selbst entscheidet, welche Daten für direkte Kontakte und unbekannte Nutzer sichtbar sind, kann ein Personaler nicht jedes Profil durchsuchen.[201]

Über den Link www.facebook.com/search.php erreicht der Personalverantwortliche eine Seite für die interne Suche, bei der das Netzwerk ihm verschiedene Filter anbietet. Für die Personalsuche reicht es, sich bei der Suche auf die Filter „Personen", „Gruppen" und „Alle Beiträge" zu beschränken. Die Suche ist sehr aufwendig, da sie sich in mehrere Schritte gliedert. Teilweise sind nur wenige Ergebnisse verfügbar, da die Nutzer mit ihren Einstellungen in der Rubrik Privatsphäre ein Finden verhindern.

Mehr Ergebnisse liefert die Suche nach potenziellen Mitarbeitern in *facebook*-Gruppen, deren Anzahl in den letzten Jahren gestiegen ist. Die Gruppen vereinen Menschen mit denselben Interessen, über die sie diskutieren. Findet ein Personaler eine Gruppe, in der möglicherweise potenzielle Kandidaten für die vakante Position im Austausch stehen, tritt er der Gruppe bei und kann so mit den Nutzern kommunizieren. Der Filter „Alle Beiträge" findet die Statusmeldungen der Nutzer, die mit der eigenen Suche in Verbindung stehen. Gibt ein Personaler in das Suchfeld „Suche einen Job" ein, erscheint eine Liste von Statusmeldungen, welche die Stichwörter enthalten. Die Suche mit Stichwörtern mit einer Suchmaschine wie *Google* bringt bei *facebook* aufgrund der Privatsphären-Einstellungen der Profile wenig Erfolg. Sollte sich ein Personaler dennoch dafür entscheiden, ist es ratsam, mit einigen Operatoren zu arbeiten, um die Suche personalspezifisch durchzuführen:

Site:facebook.com –inurl:permalink.php –inurl:group.php –inurl:event.php –inurl:note.php

---

[200] Vgl. Fedossov u. a. 2009, S. 114-128.

[201] Vgl. Fedossov u. a.2009, S. 134.

–inurl:notes –inurl:apps –inurl:posted.php –inurl:directory –inurl:pages –inurl:topic.php Ihre Stichpunkte

Die Suche ist jedoch sehr zeitaufwendig und in Anbetracht der wenigen Ergebnisse wenig lohnenswert. Die Suche mit Suchmaschinen nach *facebook*-Gruppen verspricht mehr Erfolg, da die Gruppen alle über *Google* zu finden sind. Es eignet sich folgende Suchkette, um nach einem Gruppentitel zu recherchieren:

Site:facebook.com inurl:group intitle:Suchbegriff[202]

Klickt der Personalverantwortliche auf ein Suchergebnis, sieht er die Mitglieder der Gruppe, die Themen und einzelnen Beiträge, es sei denn, der Moderator benutzt eine Zugangsbeschränkung für die jeweilige Gruppe.[203]

Video, Podcast, Bilder

Die Profile der *Youtube*-Nutzer enthalten persönliche Angaben zur Person, deren Beruf und teilweise sogar den Arbeitgeber. Aus diesem Grund können Personaler die Plattform für die Personalsuche verwenden. Auf der Seite von *Youtube* suchen Nutzer vor allem nach Videos, so dass die Eingabe von personenbezogenen Daten keine Ergebnisse liefert. So ist hier die Suche über eine Suchmaschine notwendig. Sucht ein Unternehmen hier nach dem Beruf und dem Wohnsitz eines Nutzers, gibt er dazu in *Google* folgende Suchkette ein:

Site:youtube.com inurl:user occupation: Beruf city: Stadtname

Personaler erhalten auf diese Weise wenige Ergebnisse, sodass die Suche über *Youtube* als ergänzendes Instrument einzusetzen ist.[204]

Nutzer der Fotocommunity *Flickr* machen oft Angaben zu ihrem Beruf und ihrem Wohnort. Diese Daten helfen bei der Recherche nach potenziellen Mitarbeitern. Meist verwenden die Nutzer allerdings nicht ihren realen Namen, was die weitere Recherche in anderen Netzwerken erschwert. Die Kontaktaufnahme mit den potenziellen Kandidaten ist jedoch leicht möglich. Des Weiteren suchen Personaler nach Bildern zu Themen, wie bestimmten Abschlussjahrgängen, um so Kandidaten zu finden und Namen des Nutzers zu bekom-

---

[202] Vgl. zu diesem Abschnitt Fedossov u. a. 2011, o. S.

[203] Vgl. Fedossov u. a. 2009, S. 141 f.

[204] Vgl. Fedossov u. a. 2009, S. 166 f.

men. Unternehmen nutzen die interne *Flickr*-Suche, um in den gesamten Uploads nach Nutzern bestimmter Berufsgruppen zu suchen. Dazu wählen sie in der *Flickr*-Suche „Fotos" und anschließend „Uploads von allen", um im Anschluss die Berufsbezeichnungen einzugeben und zu suchen. Der Zeitaufwand ist hier sehr groß und eine Garantie auf brauchbare Ergebnisse ist nicht gegeben.

Auch *Flickr* bietet den Nutzern die Möglichkeit, in Online-Gruppen zu diskutieren. Personaler können ebenso die für sie relevanten Gruppen ausfindig machen und interessante Mitglieder ansprechen. Um in diesem Netzwerk zu recherchieren, ist es nicht unbedingt notwendig, dort angemeldet zu sein. Sucht ein Personaler über *Google* nach einem Kandidaten, gibt er Folgendes in das Suchfenster ein:

Site:flickr.com inurl:people "Beruf" hometown "Stadt"

So erhält er alle Mitglieder, die einem bestimmten Beruf in der ausgewählten Stadt nachgehen. Der Personaler nimmt dann über das Profil Kontakt mit der Person auf. Allerdings ist die Suche in *Flickr* als Grundlage für die weitere Recherche in anderen Netzwerken zu verwenden.[205]

---

[205] Vgl. Fedossov u. a. 2009, S. 162 ff.

4 Empirische Analyse

4.1 Vorstellung der Kommunikationsbranche

Agenturen

Die Kommunikationsbranche ist einem ständigen Wandel unterworfen, der unter anderem durch die Entwicklung der Medien bedingt ist.[206] Aufgrund diesen Wandels haben sich Agenturen gebildet, die sich auf nur ein Gebiet spezialisieren oder sogenannte Full-Service-Agenturen, die ihren Kunden das gesamte Kommunikationsspektrum anbieten.[207] Sie unterscheiden sich zusätzlich in ihrer Größe.

Die Branche ist von drei verschiedenen Agenturtypen geprägt: Network-Agenturen, Kreativagenturen, sowie inhabergeführte Agenturen. Network-Agenturen zeichnen sich durch die Vielzahl ihrer angebotenen Kommunikationsdisziplinen aus und sind besonders für internationale Kampagnen geeignet. Das internationale Netzwerk von Agenturen ist wiederum einer Holding unterstellt. Bekommt eine Network-Agentur im Ausland einen internationalen Auftrag, kommt es vor, dass die deutsche Network-Agentur die Kampagne nur für das eigene Land anpasst. Die eigene Kreativität ist bei diesen Projekten weniger gefragt als in sogenannten Kreativagenturen. Diese entwickeln für ihre Kunden neue Ideen, welche die Produkte von der Masse abheben sollen. Kreativagenturen arbeiten meist an nationalen Projekten. Die Mitarbeiter sind hier ein wichtiger Faktor, da sie mit ihren kreativen Ideen den Ruf der Agentur mittragen. Verlässt ein Mitarbeiter die Kreativagentur, der gleichzeitig direkter Ansprechpartner von Unternehmen war, folgen ihm diese mitunter.

Bei inhabergeführten Agenturen liegt die Verantwortung am Ende immer bei dem Inhaber selbst. Er prüft die entwickelten Konzepte und Inhalte, bevor sie an den Kunden gehen. Inhabergeführte Agenturen sind eher klein, meist aber als Full-Service-Agentur tätig. Sie kaufen Leistungen von anderen Dienstleistern ein, um ein Projekt nach Kundenwunsch umzusetzen. Die Kunden haben ihren Sitz meist in Deutschland und sind national tätig. Doch spätestens wenn diese ihre Produkte zusätzlich im Ausland vertreiben, ist es für

---

[206] Vgl. Burrack u.a. 2008, S.12

[207] Vgl. Bruhn 2010, S. 205

eine inhabergeführte Agentur ratsam, einem Netzwerk von inhabergeführten Agenturen beizutreten, um ihre Leistungen in anderen Ländern zur Verfügung zu stellen.[208]

Awards

Besonders Kreativagenturen legen Wert auf Auszeichnungen, da sie die Kompetenzen der Agentur unterstreichen. Neben Preisen für kreative Ideen gibt es Auszeichnungen, die den tatsächlichen Erfolg einer Kampagne prämieren. Die Gewinner der Awards sind in Fachzeitschriften und Kreativ-Rankings aufgelistet.[209] Die Kunden zahlen die Dienstleistungen an die Agentur bevor die Kampagne oder das Projekt umgesetzt wird. Sie wissen somit nicht, welche Qualität und Wirkung die Idee oder Kampagne haben wird.[210] Um das Risiko einer erfolglosen Zusammenarbeit zu verringern, geben Awards eine Orientierung, welche Agentur sich durch ihre Ideen und Projekte besonders profiliert.[211] So stehen die Mitarbeiter unter Druck, ständig Höchstleistungen zu erbringen. Besonders Nachwuchskräfte, die für die Arbeit in einer Agentur oft in eine andere Stadt ziehen, zeigen großes Engagement und verbringen viel Zeit in der Agentur. Sie haben oftmals schon von Beginn an eine große Verantwortung in den Projekten und bekommen Unterstützung, um Fehler vermeiden. Andere Geschäftsführer sehen es als ihre Aufgabe, den Druck von ihren Mitarbeitern auf sich selbst zu lenken, um das Arbeitsklima trotz der hohen Anforderungen angenehm zu gestalten.[212]

Projekte

Agenturen sind auf ihre Kunden angewiesen. Mitunter kann der Verlust eines großen Kunden und dessen Etat die eigene Existenz gefährden. Um so eine Situation zu vermeiden, versuchen Agenturen ständig neue Kunden zu gewinnen oder die Zusammenarbeit mit bestehenden Kunden auszubauen. Die Akquisition von neuen Kunden erfolgt zum einen über eigene Kontakte. Dabei nutzt der Agenturverantwortliche seine Kontakte, um sich und die Agentur bei potenziellen Kunden vorzustellen. Dabei kommt es häufig auf den Zeitpunkt der Kontaktanbahnung an. Plant ein potenzieller Kunde ein neues Projekt, stehen die Chancen für eine Zusammenarbeit besser, als wenn er mitten in einem Projekt

---

[208] Vgl. Burrack u.a. 2008, S.14-26

[209] Vgl. Burrack u.a. 2008, S.26

[210] Vgl. Burrack u.a. 2008, S.21

[211] Vgl. Burrack u.a. 2008, S.26f.

[212] Vgl. Burrack u.a. 2008, S.28ff.

und zufrieden mit seiner Agentur ist. Zum anderen beteiligen sich Agenturen an so genannten Pitches, Wettbewerben zwischen Agenturen, um einen neuen Kunden zu gewinnen. Die Teilnahme an einem Pitch bedeutet für Agenturen einen großen Zeitaufwand und ist mit Kosten verbunden, die bei einer Pitch-Niederlage nicht gedeckt werden. Oftmals nehmen Agenturen sogar ohne ein Honorar an einem Pitch teil. Zudem kann es vorkommen, dass einige Unternehmen eine Vielzahl von Agenturen zu einem Pitch einladen, obwohl der Gewinner bereits feststeht. Der Wettbewerb dient dann ausschließlich dazu, mehr Ideen zu erhalten, um diese im Nachhinein mit der hauseigenen Agentur umzusetzen. Aus diesem Grund ist im Vorfeld abzuwägen, ob sich die Teilnahme an einem Pitch lohnt. Bei der Entscheidung hilft es die Teilnehmerzahl zu betrachten oder die anderen Agenturen und ihre Fähigkeiten mit den eigenen Kompetenzen zu vergleichen. Im Hinblick auf die Zusammenarbeit gilt es den potenziellen Umsatz und die Möglichkeiten auf eine zweite Zusammenarbeit nach dem eigentlichen Projekt abzuwägen.[213]

Der Gesamtverband der Kommunikationsagenturen empfiehlt Agenturen, sich nicht an honorarlosen Pitches zu beteiligen. Trotzdem halten sich einige Agenturen nicht daran, um zumindest die Chance auf einen Gewinn zu wahren und im Wettbewerb um die Etats zu bestehen.[214] Die Unternehmen in der Kommunikationsbranche sind einem ständigen Wettbewerb unterworfen, was auch die Gewinnung von geeignetem Personal betrifft.

4.2 Konzeption und Durchführung der Untersuchung

Um den Erfolg von Social Media als Instrument der Personalbeschaffung abschätzen zu können, wurden im Rahmen der Bachelorarbeit Personalverantwortliche innerhalb der Kommunikationsbranche befragt. Der entwickelte Fragebogen[215] besteht aus sieben Fragen und beinhaltet sowohl geschlossene als auch offene Fragen. Die Reihenfolge der Fragen ist so gewählt, dass zu Beginn Fragen stehen, welche der Personaler ohne weiteres beantworten kann, um ihn an die Situation der Befragung zu gewöhnen.[216] Im weiteren Verlauf zielen die Fragen darauf ab, den derzeitigen Stellenwert der jeweiligen Methoden herauszufinden und eine Einschätzung der Personaler zu erhalten, welche Methoden in den nächsten Jahren genutzt werden, um neue Mitarbeiter zu gewinnen. Die weite-

---

[213] Vgl. Burrack u.a. 2008, S.130-142

[214] Vgl. Burrack u.a. 2008, S.134

[215] Vgl. Fragebogen für die empirische Untersuchung, Anhang A, S.A-1

[216] Vgl. Albert u.a. 2002, S.30

ren Fragen beziehen sich auf die Motive des Einsatzes von Social Media und die bisherigen Erfolge der Personalsuche. Da eine Vielzahl verschiedener Social Media Kanäle existieren, wurde die Nutzung der Kanäle für die Ansprache unterschiedliche Zielgruppen abgefragt.

Die Befragung ist an Personalverantwortliche gerichtet. Um diese Personen gezielt anzusprechen, schickten der Gesamtverband der Kommunikationsagenturen sowie das Forum Marketing-Eventagenturen den Fragebogen an die Personalverantwortlichen ihrer Mitgliedsagenturen. Aufgrund der Entwicklung eines Recruiting-Mix für eine Agentur für Markenkommunikation wurde die Befragung auf die Kommunikationsbranche eingegrenzt, um ein möglichst authentisches Bild von der Personalbeschaffung ähnlicher Unternehmen zu bekommen. Diese Methode gewährleistet die zielgruppenspezifische Ansprache.

Es handelt sich bei der Befragung nicht um eine repräsentative Studie.

4.3 Auswertung der empirischen Befunde

Im Rahmen dieser Arbeit wurden insgesamt 22 Fragebögen ausgefüllt und zurückgesandt. Die Unternehmen der befragten Personen liegen alle innerhalb von Deutschland. Die Anzahl der Mitarbeiter reicht von 20 bis 636, wobei alle Unternehmen der Kommunikationsbranche angehören. Im Folgenden werden vor allem die Methoden der Personalbeschaffung mit dem Internet in den Fokus gestellt. Die weiteren Ergebnisse befinden sich als Anhang am Ende der Arbeit.

Die Unternehmen der Kommunikationsbranche planen vor allem in den nächsten Monaten, feste Mitarbeiter einzustellen. Jedoch machen Nachwuchskräfte ein Drittel des Personalbedarfs aus.[217]

---

[217] Vgl. Abb.18, Anhang A, S.A-6

Stellenwert der Recruiting-Instrumente

Die Personalverantwortlichen werden die traditionellen Methoden der Personalbeschaffung weiterhin einsetzen. Sie bewerten vor allem das Hochschulmarketing als wichtig und sprechen die Zielgruppe direkt an der Hochschule an.[218] Die Probanden sehen die eigene Unternehmenshomepage weiterhin als einen wichtigen Kanal für die Personalbeschaffung an. Der Stellenwert der Jobbörsen wird geringer. Jedoch steigt gleichzeitig die Wertschätzung der Karriereseite. Diese bietet Unternehmen im Vergleich zu einer Jobbörse mehr Platz, sich als Arbeitgeber zu präsentieren und stellt die Zielgruppenansprache in den Fokus. Karriereseiten bedeuten für Unternehmen einen größeren Aufwand. Doch wird das Engagement im Hinblick auf den War of Talents zunehmend wichtiger. Gleichzeitig sehen Unternehmen Social Media künftig als wichtigstes Instrument im Rahmen der Personalbeschaffung. Das kommt dem Mediennutzungsverhalten der Zielgruppe entgegen.(Vgl. Abb.9)

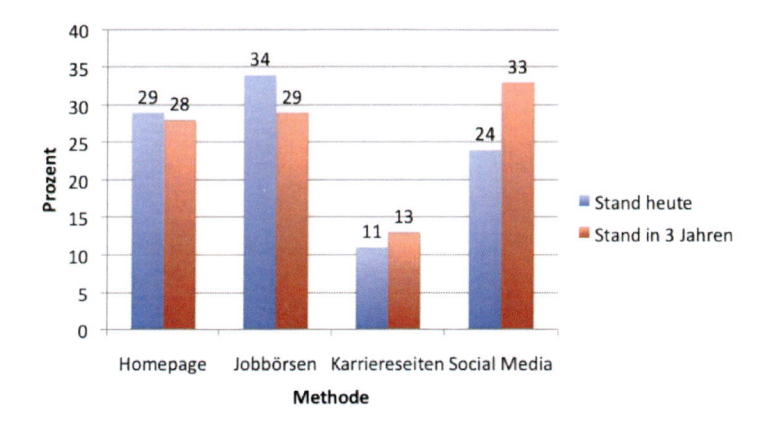

Abbildung 9: Stellenwert der Methoden des E-Recruitings

Nutzung von Social Media in der Personalbeschaffung

Social Media ist bereits in vielen Personalabteilungen als Instrument für die Personalbeschaffung in Verwendung. 86% der Probanden gaben an, diese Kanäle zu nutzen, wobei besonders *Xing* und *facebook* für die Publikation von vakanten Stellen Beachtung finden. Teilweise zeichnen sich bereits gute Erfolge ab. Jedoch sind diese beispielsweise von der

---

[218] Vgl. Abb.19, Anhang A, S.A-7

Fan-Anzahl der eignen *facebook*-Seite abhängig, so dass meist noch nicht ausreichend potenzielle Bewerber erreicht werden. Die Personaler stellen vor allem bei Nachwuchskräften eine Präferenz für die Veröffentlichung vakanter Stellen auf *facebook*-Seiten fest. Dazu nutzen Personaler neben der Pinnwand die zusätzliche Rubrik „Jobs", um mit potenziellen Bewerbern in Kontakt zu treten und offene Stellen zu veröffentlichen. Teilweise zeichnen sich auch Erfolge in dem Businessnetzwerk *Xing* ab.

12% der Probanden gaben an, bisher keine Erfahrungen mit Social Media in der Personalbeschaffung zu haben. Dementsprechend sind sie unsicher, wie sie mit den neuen Möglichkeiten umgehen sollen. Nur 2% der befragten Personen bewerten Social Media als irrelevantes Instrument für die Suche von geeignetem Personal.

Vorteile in der Personalbeschaffung durch Social Media

Die Unternehmen sehen die Vorteile durch Social Media im Personalbereich vor allem in

- der Reduzierung der Kosten,
- der Steigerung der Bekanntheit des Unternehmens,
- der größeren Reichweite
- und der Imageförderung.

So gilt eine Mitwirkung auf Social Media Plattformen als Möglichkeit, das Unternehmen als innovativ und modern darzustellen, um so bei der jungen Zielgruppe als attraktiver Arbeitgeber in Betracht zu kommen. Die Probanden schätzen des Weiteren die gezielte Ansprache der Kandidaten. Damit geht einher, dass die Verantwortlichen schnell auf die Anregungen und Fragen der potenziellen Bewerber eingehen können. Durch die zielgruppenspezifische Ansprache reduzieren Unternehmen zudem die Streuverluste der Anzeige. Die Internationalität der Anzeigen auf Social Media Seiten wird von den Probanden weniger hoch bewertet. Die Meinungen der Personaler gehen auseinander, wenn es um den Standpunkt geht, ob Social Media mehr Freiheit in der Anzeigengestaltung bietet.[219]

Ansprache der Zielgruppen

Facebook ist eine sehr populäre Plattform, die in den letzten Jahren ein starkes Wachstum zu verzeichnen hatte. Für die Ansprache der Auszubildenden ist *facebook* daher bei den Personalverantwortlichen sehr beliebt und der meistgenutzte Social Media Kanal für

---

[219] Vgl. Abb.20, Anhang A, S. A-7

die Kommunikation mit dieser Zielgruppe. Ebenso versuchen die Probanden diese Zielgruppe über *Twitter* oder eigens eingerichtete Karriereseiten zu erreichen.[220] Die VZ-Netzwerke haben gegenüber *facebook* einen geringen Stellenwert, was wahrscheinlich daran liegt, dass die VZ-Netzwerke zuletzt mit rückläufigen Nutzerzahlen in Verbindung gebracht werden.[221] Die befragten Personaler nutzen bei der Zielgruppe der Studenten ebenso *facebook* als Kommunikationskanal. Die Personalverantwortlichen verwenden bereits bei dieser Zielgruppe auch Businessnetzwerke, wobei *Xing* eine größere Beachtung findet als das amerikanische Pendant *LinkedIn*. Der Microblogging-Dienst *Twitter* wird zur Ansprache dieser Zielgruppe am dritthäufigsten genutzt. Die Zielgruppenansprache erfolgt bei Studenten insgesamt über mehr Kanäle als die Ansprache der Auszubildenden.[222] Je höher die Position im Unternehmen ist, desto mehr findet das Businessnetzwerk *Xing* Verwendung in der Zielgruppenansprache. So ist es der meist genutzte Kanal zur Ansprache von festen Mitarbeitern und von Führungskräften. *Facebook* ist bei der Kommunikation mit den festen Mitarbeitern mit einigem Abstand auf Rang zwei. Hingegen finden die Karriereseiten bei diesen beiden Zielgruppen mehr Verwendung als bei der jüngeren Zielgruppe.[223] Die Ansprache der Führungskräfte erfolgt am häufigsten über das Businessnetzwerk *Xing*. Personaler versuchen, diese Zielgruppe auch mit ihren Karriereseiten anzusprechen. Jedoch ist der Stellenwert im Vergleich zu *Xing* gering.[224]

4.4 Ergebnisse

Die Nachwuchskräfte machen ein Drittel des Personalbedarfs der befragten Unternehmen aus. Social Media ist ein wichtiges Thema für die Personalbeschaffung in der Kommunikationsbranche. Dennoch haben die klassischen Methoden weiterhin besonders in der direkten Ansprache der Zielgruppe einen hohen Stellenwert. Im Vergleich schätzen die Probanden die Personalbeschaffung über das Internet in den nächsten Jahren als zukunftsweisend ein. Besonders Social Media wird dabei an Bedeutung gewinnen. Die bisherigen Erfahrungen zeigen jedoch unterschiedliche Erfolge bei Unternehmen mit Social Media als Recruiting-Instrument.

---

[220] Vgl. Abb.21, Anhang A, S. A-8

[221] Vgl. Werben&Verkaufen 2011, o.S.

[222] Vgl. Abb.22, Anhang A, S. A-8

[223] Vgl. Abb.23, Anhang A, S.A-9

[224] Vgl. Abb.24, Anhang A, S.A-9

Bisher nutzen die Personaler vor allem *facebook* zur Publikation der vakanten Stellen. Vorteile sehen die Personaler vor allem in der Reduzierung der Kosten und in der Imageförderung, was für mittelständische Unternehmen ein wichtiger Faktor ist, um bei der Zielgruppe als attraktiver Arbeitgeber wahrgenommen zu werden. Besonders *facebook* sehen die Probanden als wichtigen Kanal für die Kommunikation mit Nachwuchskräften an. Dagegen verwenden sie *Xing* bei der Ansprache von festen Mitarbeitern und von Führungskräften. Das berücksichtigt das jeweilige Mediennutzungsverhalten der Zielgruppen. Jedoch besteht für die befragten mittelständischen Unternehmen das Problem, dass die Zielgruppe möglicherweise das Unternehmen nicht kennt oder als Arbeitgeber wahrnimmt und somit die jeweiligen *facebook*-Seiten nicht besucht. Die Erfolge des Recruitings über Social Media werden bislang kaum gemessen. Dies liegt daran, dass die Personaler nicht genau nachvollziehen können, ob die Social Media Seite zu einer Bewerbung geführt hat. Jedoch registrieren die befragten Personaler die Häufigkeit der Seitenaufrufe. Andere Social Media Kanäle, wie Foren oder Videoplattformen, werden für das Recruiting kaum genutzt.

5 Entwicklung eines Recruiting-Mix für die Agentur Roth & Lorenz

Die Mitarbeiter der Agentur Roth & Lorenz kommen aus verschiedenen Branchen und durchliefen unterschiedliche Ausbildungen. Zum Teil arbeiten Kommunikationswirte neben Soziologen und bringen ihre Kenntnisse in der Zusammenarbeit mit Kunden ein.[225] Die Mitarbeiterstruktur ist zudem durch eine Vielzahl von jungen Nachwuchskräften und Berufseinsteigern gekennzeichnet.[226]

5.1 Die Agentur Roth & Lorenz

Roth & Lorenz bezeichnet sich selbst als Agentur für Markenkommunikation und setzt Projekte für die Kunden in Full-Service um.[227] Zum einen gehört sie zur Gruppe der Agenturen für Live-Kommunikation, die eine Marke für Kunden zu einem Erlebnis macht. Dazu nutzt sie die direkte und persönliche Zielgruppenansprache. Die Agentur übernimmt in diesem Zusammenhang die Planung der Kommunikationstätigkeiten und koordiniert und kontrolliert diese bis zum Ende des Projekts. Die Agentur veranstaltet für ihre Kunden Events, die von Verkaufspräsentationen bis hin zu Versammlungen reichen. Konsumenten sollen der Marke begegnen und emotional angesprochen werden. Dabei ist es für den Erfolg einer Live-Kommunikation wichtig zu wissen, wo sich die relevante Zielgruppe befindet. Diese Form der Kommunikation erreicht nur einen kleinen Teil der Zielgruppe. Der Kontakt mit der Marke oder dem Produkt ist aber zugleich intensiver. Die Zusammenarbeit zwischen der Agentur und dem Kunden ist meist projektbezogen. Roth & Lorenz nimmt häufig an Pitches teil, um solche Projekte umzusetzen. Die Agentur hat die Veranstaltungstermine in jedem Falle einzuhalten. Dies erfordert teilweise Mehrarbeit der Mitarbeiter kurz vor der Veranstaltung sowie einen Arbeitseinsatz während der Veranstaltung selbst.

---

[225] Vgl. Roth & Lorenz GmbH 2011

[226] Vgl. Organigramm, Anhang A, S.A-11

[227] Siehe: http://www.rothundlorenz.de/#/home

Roth & Lorenz gehört zu den größten Agenturen für Live-Kommunikation und setzt diese mit Instrumenten wie Promotions, Handelsmarketing und Merchandising um.[228] Zum anderen wuchs ihre PR-Abteilung in den letzten drei Jahren stetig, so dass die Agentur namhafte Unternehmen für sich gewinnen konnte und deren Öffentlichkeitsarbeit vollständig übernimmt.[229] Unternehmen erhoffen sich durch die PR-Arbeit der Agentur ihre Botschaften glaubwürdig an die Zielgruppe heranzutragen. Zudem ist sie kostengünstiger als die klassische Werbung und der Erfolg lässt sich anhand der Artikel in Zeitschriften und Zeitungen leicht prüfen.[230] Neben diesen Bereichen ist die Agentur im Sponsoring tätig. Sie unterstützt den Kunden dabei, die Zielgruppe auch in deren Freizeit zu erreichen. Unternehmen neigen dazu, sich mit Engagement im sozialen und ökologischen Bereich oder in Form von Sportsponsoring zu profilieren.[231]

Die Agentur Roth & Lorenz wuchs in den letzten Jahren auf 90 Mitarbeiter an. Neben Projektmanagern besteht ein großer Bedarf an Nachwuchskräften. Die Nachwuchskräfte machen ein Drittel des Personals aus.[232] Sie können während des Studiums ein Praktikum bei Roth & Lorenz absolvieren oder nach ihrem Studium als Trainee einsteigen. Der Ansprache dieser Zielgruppe kommt ein hoher Stellenwert zu, da sich Unternehmen hier im War of Talents behaupten müssen.

5.2 Definition der Zielgruppe

Um die Zielgruppe mit den Maßnahmen der Personalbeschaffung zu erreichen, sind Kenntnisse über sie und ihre Gewohnheiten notwendig.[233] So finden die Nachwuchskräfte in Rahmen dieser wissenschaftlichen Arbeit besondere Berücksichtigung. Sie sind die Zielgruppe für den Recruiting-Mix. Die Zielgruppe hat ein besonderes Mediennutzungsverhalten, weshalb Unternehmen die Kommunikationsinstrumente auf die Präferenzen abstimmen.[234] Die Generation Y unterscheidet sich von der vorherigen Generation in ihrem Freizeitverhalten und in ihrer Arbeitsweise. Dies ist auf die neuen Technologien zu-

---

[228] Vgl. Burrack u.a. 2008, S.38-41

[229] Siehe: http://www.rothundlorenz.de/#/public-relations

[230] Vgl. Burrack u.a. 2008, S.33-38

[231] Vgl. Burrack u.a. 2008, S.49ff.

[232] Vgl. Organigramm, Anhang B, S.A-11

[233] Vgl. Beck 2008, S.36

[234] Vgl. Beck 2008, S.38

rückzuführen, mit denen Informationen schneller zu beschaffen und zu jeder Zeit verfügbar sind. Die Zielgruppe entwickelt dabei Kompetenzen in Bereichen, die es vor einiger Zeit nicht gab. Sie wuchs mit Mobiltelefonen, Computern, sowie dem Internet auf und sieht die Nutzung dieser Geräte als selbstverständlich an. Dabei nutzt die Generation Y oftmals mehrere Geräte gleichzeitig.[235] Dies ist ein wichtiger Faktor für die Kommunikation mit der Zielgruppe.

Die Vernetzung unterschiedlicher Mediengattungen trägt zu einer besseren Erreichbarkeit der Zielgruppe bei, da diese zunehmend mehrere Medien nutzen, um ihr Informationsbedürfnis zu decken. Sie kommt dabei mehrmals mit der Botschaft des Unternehmens in Kontakt und verarbeitet die Informationen intensiver.[236] Die Generation Y nutzt die verschiedenen Medien und die mobilen Funktionen, wie das Internet auf dem Handy. Das Internet bekommt einen höheren Stellenwert und wird zur Kommunikation mit realen oder virtuellen Freunden genutzt. Die Zielgruppe baut sich dort auf bestehenden Plattformen wie *facebook* ein soziales Netzwerk auf. Die Generation Y passt sich der digitalen Welt an und nutzt deren Möglichkeiten. Daraus entwickelte sich die Work-Life-Balance, nach der die Zielgruppe gleichermaßen Lebensgenuss und Leistungsorientierung fordert. Sie ist die Freiheit gewohnt, zwischen mehreren Optionen wählen zu können, was sie auch bei der Wahl des Arbeitgebers voraussetzen. Dabei legt sie Wert auf eine ehrliche Kommunikation und prüft die gewonnenen Informationen gegebenenfalls nach.[237]

Neben den verschiedenen Maßnahmen hat der Zeitpunkt des Kontakts einen hohen Stellenwert. Während des Studiums kann ein Unternehmen die Zielgruppe mit einer emotionalen Ansprache beeinflussen, da die aktive Informationssuche erst später beginnt. Je näher der Zeitpunkt der Entscheidung rückt, desto größer ist das Informationsbedürfnis der Zielgruppe. Somit variiert die Bereitschaft, sich mit bestimmten Themen wie beispielsweise der Wahl des Arbeitgebers oder Praktikantenangeboten auseinanderzusetzen. Das Unternehmen hat hier die Möglichkeit, seine Kommunikationsinstrumente auf die zeitbezogenen Bedürfnisse der Zielgruppe anzupassen.[238] Sie setzt aufgrund der neuen Technologien eine schnelle Kommunikation voraus.

---

[235] Vgl. Bernauer u.a. 2011, S.36

[236] Vgl. Beck 2008, S.40

[237] Vgl. Bernauer u.a. 2011, S.37ff.

[238] Vgl. Beck 2008, S.39f.

Von ihrem potenziellen Arbeitgeber erwarten sie außerdem eine Unternehmenskultur, an der sie selbst mitwirken und einen Freiraum, in dem sie sich entwickeln und Verantwortung tragen können. Die Ansprüche an ihren Arbeitgeber und den eigenen Aufgaben haben sich somit gewandelt. Sie legen Wert darauf, ihre Arbeit mit der Freizeit und den sozialen Interessen zu vereinen, so dass eine gewisse Flexibilität gegeben ist. Dies setzen Unternehmen heute bereits durch die Nutzung von Homeoffices um. Das kommt der Zielgruppe durch den Ausgleich von Unterhaltung und Arbeit entgegen. In einer Studie von Ernst & Young ist künftigen Nachwuchskräften neben ihrer Freiheit die Arbeitsplatzsicherheit wichtig, um so eine Perspektive für die Zukunft zu haben.[239] Berücksichtigen Unternehmen diese Faktoren in ihrer Kommunikation, erreichen sie durch die Medienpräsenz eine erhöhte Aufmerksamkeit und schaffen für die Zielgruppe einen Mehrwert, der als Entscheidungshilfe im War of Talents ausschlaggebend sein kann.[240]

5.3 Personalbeschaffungsmaßnahmen bei Roth & Lorenz

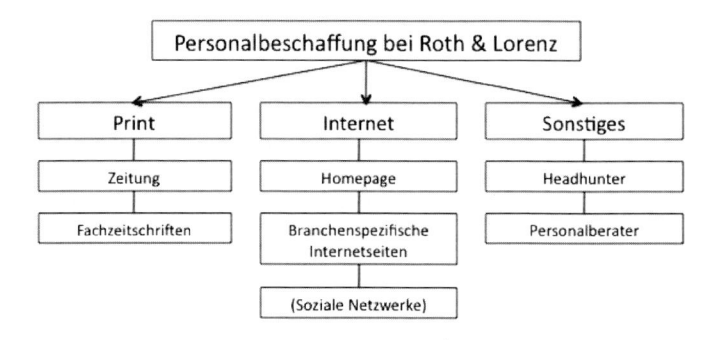

```
                    Personalbeschaffung bei Roth & Lorenz
           ┌──────────────────────┼──────────────────────┐
         Print                 Internet               Sonstiges
           │                      │                      │
        Zeitung               Homepage               Headhunter
           │                      │                      │
    Fachzeitschriften    Branchenspezifische       Personalberater
                            Internetseiten
                                  │
                          (Soziale Netzwerke)
```

Abbildung 10: Personalbeschaffung bei Roth & Lorenz

Roth & Lorenz fokussiert die Personalbeschaffung bisher hauptsächlich auf die Mediengattungen Print und Internet (Vgl. Abb.10). Im Printbereich schaltet die Agentur Anzeigen in der Tageszeitung „Stuttgarter Zeitung" sowie in Fachzeitschriften wie beispielsweise „Werben & Verkaufen". Damit spricht die Agentur vor allem Fach- und Führungskräfte an, die aktiv auf der Suche nach einer neuen Stelle sind. Neben den Printanzeigen ist die

---

[239] Vgl. Bernauer u.a. 2011, S.38f.

[240] Vgl. Beck 2008, S.38-44

Agentur im Internet bemüht, passendes Personal zu finden. Die Personalverantwortlichen wählen überwiegend die passive Methode, bei der sie Anzeigen auf der eigenen Homepage publiziert. Gleichzeitig nutzt die Agentur die Internetseiten der Verbände, in denen sie Mitglied ist, um die Stellenanzeigen zu platzieren. Einige vakante Stellen werden auf spezifischen Plattformen veröffentlicht. Auch branchenspezifische Internetseiten wie horizont.net[241] waren Teil der Personalbeschaffung. Roth & Lorenz veröffentliche dort Stellen für Führungspositionen. Jedoch kamen über diese Maßnahme zu viele unqualifizierte Bewerbungen an, so dass die Agentur diese Methode nicht mehr verwendet. So werden offene Stellen in der PR-Abteilung auf newsroom.de[242] publiziert, die speziell Journalisten und Fachkräfte anspricht. Auf der Homepage von newsroom sind die Stellenanzeigen je nach Zielgruppe in verschiedene Sparten aufgeteilt. Stellen für Praktikanten und Trainees sind von den Stellen mit Leitungsfunktion getrennt, so dass die Übersichtlichkeit gewährleistet ist.

Die Agentur beschäftigt regelmäßig Praktikanten, nach denen sie speziell in kostenlosen, spezifischen Jobbörsen sucht und Aushänge mit der Stellenanzeige an ausgewählte Hochschulen schickt. Die Maßnahmen zur Erreichung von Nachwuchskräften sind noch wenig ausgeprägt.

Für die direkte Ansprache von Führungskräften beauftragt die Agentur Headhunter und Personalberater. Diese Dienste nimmt Roth & Lorenz vor allem in Anspruch, wenn vakante Positionen in der Verwaltung oder PR-Abteilung bestehen. Die Personalverantwortlichen der Agentur fingen an selbst über *Xing* nach Kandidaten zu suchen. Zu diesem Zweck wurde ein Premium-Account eingerichtet. Bisher nutzte die Personalabteilung die Möglichkeiten dieses Netzwerkes nur bedingt, da Kenntnisse über die Vorgehensweisen und die Varianten zur Personalsuche fehlen.

5.4 Recruiting-Mix für die künftige Personalbeschaffung

Studenten und Hochschulabsolventen haben heute eine Vielzahl verschiedener Möglichkeiten zur Wahl ihres späteren Arbeitgebers in der Kommunikations- und Medienbranche. Umso wichtiger ist es für Agenturen und Unternehmen, diese Zielgruppe frühzeitig an sich zu binden.[243] Dies gilt speziell für mittelständische Unternehmen, deren Arbeitgebermarke

---

[241] siehe: http://www.horizontjobs.de/bewerber/suche/detailsuche/find.php?start=1&timer=1308143693

[242] siehe: http://www.newsroom.de/jobs/

[243] Vgl. Schmidt 2007, S.29

selten aktiv gestaltet wird und die sich im War of Talents gegenüber namhaften Konkurrenten behaupten müssen. Auch Roth & Lorenz hat aufgrund des Wachstums der Agentur einen erhöhten Personalbedarf, wobei der Rekrutierung von Nachwuchskräften ein besonderer Stellenwert zukommt.

5.4.1 Traditionelle Personalbeschaffung

Die traditionelle Personalbeschaffung ist der Grundstein der Recruiting-Strategie und stellt das mittelständische Unternehmen vor, dass sich mit Großunternehmen oder bekannten Agenturen im Wettbewerb um die Nachwuchskräfte sieht. Mithilfe des klassischen Recruitings soll auf die unternehmenseigene Homepage und damit auf ein weiteres Recruiting-Instrument, das Internet, hingewiesen werden. (Vgl. Abb.11)

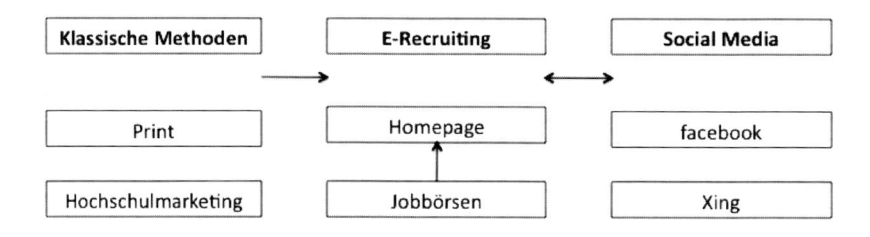

Klassische Methoden	E-Recruiting	Social Media
Print	Homepage	facebook
Hochschulmarketing	Jobbörsen	Xing

Abbildung 11: Verweisstruktur der neuen Personalbeschaffungsmethode

5.4.1.1 Printmedien

Vakante Stellen, die sich an Nachwuchskräfte richten, können in Printmedien veröffentlicht werden, die an die Zielgruppe gerichtet sind. Hierunter fallen neben allgemeinen Hochschulzeitschriften auch kleine Anzeigenblätter oder Rundschreiben, die Studenten oftmals selbst anfertigen, um die Hochschulmitteilungen bekannt zu geben. Mit diesen spezifischen Printmedien werden die Streuverluste einer Anzeige gering gehalten. So eignet sich hierfür beispielsweise das Hochschulmagazin UNICUM, das bei der Zielgruppe sehr beliebt ist und zum meist gelesenen Hochschulmagazin gekürt wurde.[244] Die Agentur kann ihre vakanten Stellen in einer klassischen Stellenanzeige in diesem Hochschulmagazin publizieren. In diesem Fall enthält die Stellenanzeige, neben der spezifi-

---

[244] Vgl. UNICUM Verlag GmbH & Co. KG 2011, S.12

schen Stellenbezeichnung, die gewünschten Qualifikationen, das Anforderungsprofil sowie eine Kontaktmöglichkeit und einen Verweis auf die Homepage. (Vgl. Abb.12)

Abbildung 12: Spezifische Stellenanzeige

Neben den spezifischen Stellenanzeigen kann sich die Agentur mit generellen Anzeigen als attraktiver Arbeitgeber für die Zielgruppe präsentieren. Dabei liegt das Hauptaugenmerk weniger auf speziellen Stellenangeboten als vielmehr darauf, Aufmerksamkeit zu gewinnen. Gleichzeitig wird die Zielgruppe mit dem Hinweis auf Zusatzinformationen auf die Homepage gelenkt, um dort mehr über die Agentur, deren Kunden sowie Entwicklungsmöglichkeiten zu erfahren. Die Markenbekanntheit wird so in der Zielgruppe erhöht und ein erster Kontakt zur Arbeitgebermarke erreicht. (Vgl. Abb.13)

Abbildung 13: Positionierung als Arbeitgebermarke

5.4.1.2 Hochschulmarketing

Um die Zielgruppe der Nachwuchskräfte zu erreichen und die Arbeitgebermarke langfristig zu etablieren, soll der Kontakt zu verschiedenen Hochschulen vertieft werden. Ziel ist, den Kontakt zu den Studenten auf- beziehungsweise auszubauen. Dadurch sollen sich die potenziellen Nachwuchskräfte gezielt selbstständig bei Roth & Lorenz bewerben. So will die Agentur auch talentierte Nachwuchskräfte identifizieren. Die Maßnahmen sollen an einer Hochschule stattfinden, die in ihrer Studienausrichtung dem Anforderungsprofil von Roth & Lorenz entspricht, zum Beispiel die Hochschule der Medien in Stuttgart.

Vorträge

Bereits während des Studiums kann die Agentur der Zielgruppe vorgestellt werden, um sich als potenzieller Arbeitgeber zu profilieren.[245] So können Mitarbeiter der Agentur als Gastreferent agieren.[246] Hierdurch spricht die Agentur vor allem die Zielgruppe an, die sich in räumlicher Nähe befindet. Je nach Anteil des Praxisbezugs der Hochschulen ist es

---

[245] Vgl. Schmidt 2007, S.29ff.

[246] Vgl. Schmidt 2007, S.36

möglich, Fallbeispiele durchzugehen und diese zu diskutieren, um mit der Zielgruppe interaktiv in Kontakt zu treten. Gastvorlesungen finden während der Vorlesungszeit statt. Aus diesem Grund ist es wichtig, möglichst früh an eine Hochschule heranzutreten, um von dieser zu erfahren, wann die eigenen Themen im Vorlesungsplan behandelt werden. So platziert die Agentur ihre Themen in den Kontext und hat einen Bezug zum wahrscheinlich bis dahin theoretisch gelernten Wissen an der Hochschule. Gleichzeitig haben die Studenten durch den Wissenstransfer einen Mehrwert und lernen dabei einen potenziellen Arbeitgeber kennen. Des Weiteren kann die Agentur Studenten, die sich im Studium besonders durch ihre Leistungen hervortun oder bereits Preise gewonnen haben, einladen und mit ihnen in der Agentur praxisbezogene Planspiele durchführen. So wird diesen zudem auch ein Rundgang ermöglicht. Damit spricht sie aber nur einen kleineren Kreis der Zielgruppe an, was mit einem höheren Aufwand verbunden ist. Um mit einem Planspiel einen weiteren Kreis anzusprechen, ist es möglich einen Hochschulwettbewerb durchzuführen.

Hochschulwettbewerb

Die Zielgruppe soll ihre Fähigkeiten im Rahmen eines Hochschulwettbewerbs nachweisen und sich so als potenzielle Mitarbeiter, speziell für Praktikanten- oder Traineestellen, empfehlen. Die Ausschreibung des Wettbewerbs erfolgt als fiktiver Pitch eines Agenturkunden und ist damit nah am täglichen Agenturgeschäft. Im Rahmen dieses Pitchs sind die Studenten aufgefordert, ein ganzheitliches und Sinn stiftendes Kommunikationskonzept zu präsentieren. Dabei entscheiden die Studenten selbst, welche Kommunikationsinstrumente sie für das Projekt einsetzen wollen. Hierbei fungiert ein Mitarbeiter von Roth & Lorenz als Mentor und steht für die jeweiligen Projektgruppen als Ansprechpartner zur Verfügung. Diese Aufgabe kann von einem Berater oder Account Director übernommen werden. Ein realer Kunde der Agentur stellt die Kommunikationsaufgabe.

Ablauf

Zunächst kontaktiert der Agenturverantwortliche parallel Hochschulen und Unternehmen und erfragt, ob ein generelles Interesse an diesem Projekt vorhanden ist. Sobald die Hochschule und das teilnehmende Unternehmen feststehen, bei dem es sich auch um einen Kunden der Agentur oder ein regionales Unternehmen (ein potenzieller Agenturkunde) handeln kann, erfolgt das Briefing für das Projekt. Das Projekt stellt einen Teil einer Semesterarbeit dar und vernetzt die unterschiedlichen Studienschwerpunkte des Studiengangs Medienwirtschaft oder Kommunikationswissenschaft. Am Ende des Projekts entscheidet eine Jury, welche Gruppe die Aufgabe am Besten gelöst hat, wobei das Hauptaugenmerk auf die Kreativität und die Möglichkeiten für eine realistische Umsetzung, gelegt wird. Die Jury besteht aus den jeweiligen Projektverantwortlichen der Hochschule, des teilnehmenden Unternehmens und dem Mentor der Agentur. Das Gewinnerteam erhält einen Geld- oder Sachpreis. Wenn möglich, wird das studentische Konzept gegebenenfalls teilweise mit dem Partnerunternehmen umgesetzt.

5.4.2 E-Recruiting

Die klassischen Methoden verweisen auf die Homepage, welche als Informationsplattform für die Zielgruppe dient. Auf der Homepage sieht die Zielgruppe das Engagement der Agentur auf Social Media Plattformen. (vgl. Abb.14)

5.4.2.1 Homepage

Die Homepage ist der Ausgangspunkt für die Recruiting-Instrumente, da sie die Plattform für die Präsentation als attraktiver Arbeitgeber bietet. Sie ist dem Corporate Design der Agentur angepasst. Bei der Gestaltung wurde darauf geachtet, dass der Link zu den vakanten Stellen schnell zu finden ist. So befindet er sich in der oberen Menüleiste, bei der die Zahl in Klammern die Anzahl der verfügbaren Stellen suggeriert. Klickt der Besucher auf die Sparte „Jobs" öffnet sich ein Pull-Down-Menü mit weiteren Verweisen auf die Stellenangebote, die Online-Bewerbung sowie Informationen zur Unternehmenskultur.

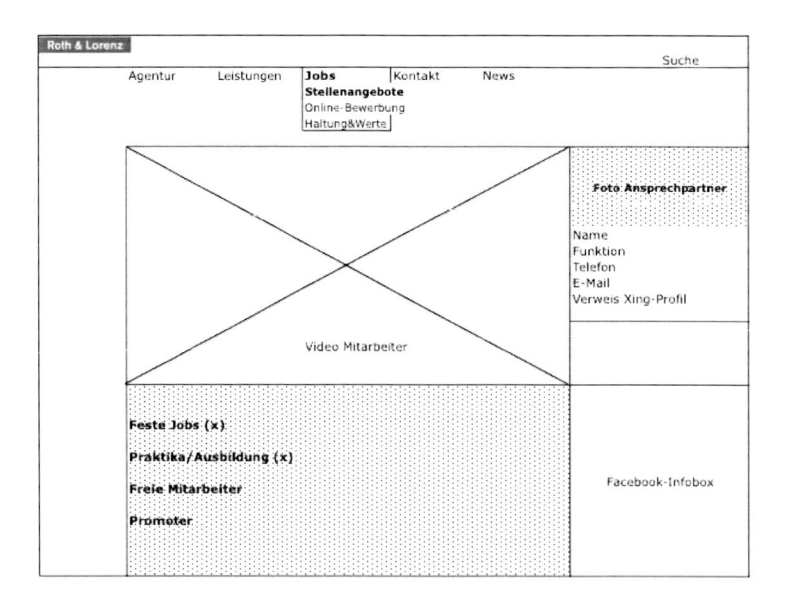

Abbildung 14: Grundstruktur der Homepage von Roth & Lorenz

Die vakanten Positionen sind für die Zielgruppe nochmals aufgeteilt, so dass sie sich schnell zurechtfindet. Zudem können auf der Seite Praktika/Ausbildung Zusatzinformationen für die Zielgruppe bereitgestellt werden, da dieser Einstieg meist die erste Berührung mit der Arbeitswelt darstellt. Dies können Informationen zur Bewerberauswahl oder zum Bewerbungsprozess selbst sein. Neben diesen Grundinformationen kann die Agentur Wissenswertes wie die Aufgaben während des Praktikums/Ausbildung darstellen und Entwicklungsmöglichkeiten aufzeigen. Gleiches gilt für die Zielgruppe der Trainees. Jedoch ist bei ihnen der Informationsbedarf geringer, da sie meist bereits erste Erfahrungen in der Arbeitswelt gemacht haben.

Interaktive Elemente

In die Unternehmenshomepage sind Social Media-Funktionen integriert, um die junge Zielgruppe anzusprechen. Damit werden die verschiedenen Instrumente des Recruitings vernetzt.

Facebook

Auf der Webseite ist eine *facebook*-Infobox integriert, die den Besuchern anzeigt, wie viele *facebook*-Nutzer mit der Agentur in Verbindung stehen. Gleichzeitig ist ein „Like"-Button integriert, so dass der Besucher der Website die Möglichkeit hat, auf die *facebook*-Seite der Agentur zu gelangen. Drückt der Besucher den „Like"-Button wird dies auf seinem Profil vermerkt, so dass dessen Freunde gegebenenfalls auch die *facebook*-Seite der Agentur besuchen und damit mehr potenzielle Bewerber erreicht werden.(Vgl. Abb.15)

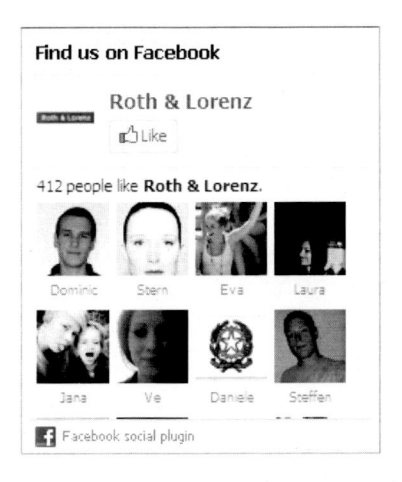

Abbildung 15: facebook-Infobox

Xing-Profil

Unter den üblichen Kontaktdaten kann zudem ein Verweis auf das *Xing*-Profil eines Ansprechpartners in der Personalabteilung platziert werden. Die Agentur lädt den potenziellen Bewerber ein, einen Dialog mit einem Mitarbeiter in einem Businessnetzwerk zu beginnen. Der potenzielle Bewerber kann seine Fragen stellen, erwartet zugleich aber eine schnellere Kommunikation als beim Verfassen einer E-Mail. Die Personalverantwortlichen sollten aus diesem Grund mindestens dreimal am Tag ihr *Xing*-Profil auf Nachrichten überprüfen. Die Kommunikation auf *Xing* ist jedoch im Hinblick auf die Gewinnung von Nachwuchskräften wichtig, da die Altersgruppe der 20-29- Jährigen 25% der *Xing*-Nutzer in Deutschland ausmacht[247] und die Befragung der Kommunikationsbranche ergeben hat, dass auch die Konkurrenten der Agentur auf *Xing* nach Personal suchen. Somit platziert sich die Agentur neben den Wettbewerbern.

Video

Das Video auf der Unternehmenshomepage im Bereich Jobs kann die Mitarbeiter und eventuell zukünftigen Kollegen zeigen und dem potenziellen Bewerber ein persönliches Bild der Agentur geben. Es soll vor allem Nachwuchskräfte ansprechen, denen ein mittelständisches Unternehmen als Arbeitgeber vorgestellt wird. Das Video soll sich bewusst von einem klassischen Imagefilm abgrenzen und die Integration der Mitarbeiter und die Authentizität verstärken.[248]

In dem Video können diejenigen Mitarbeiter, welche die Zielgruppe widerspiegeln, ihre Erfahrungen schildern, ihren Arbeitsplatz und Aufgaben vorstellen und Entwicklungsmöglichkeiten erwähnen. Die Inhalte können in Form von Interviews präsentiert werden oder die mitwirkende Nachwuchskraft spricht frei an seinem Arbeitsplatz und zeigt in dem Video weitere Orte in der Agentur, an denen er sich aufhält. Des Weiteren wäre ein Video zu konzipieren, in dem eine derzeitige Nachwuchskraft in dem Video ihre Aufgaben vorstellt und gleichzeitig einen Nachfolger für sich selbst sucht.

Die Zielgruppe wird von den anderen Orten der Stellenpublikation auf die Unternehmenshomepage gelenkt, so dass das Video dort einen Mehrwert liefert und zusätzliche Informationen vermittelt. Neben der Wirkung auf die Zielgruppe trägt das Video dazu bei, die Mitarbeiter gemeinsam an einem Projekt arbeiten zu lassen, dass nicht direkt auf Profit

---

[247] Vgl. Xing AG 2010, S.5

[248] Vgl. Zugehör 2009, S.170

aus ist, sondern die Freude und der Zusammenhalt im Vordergrund stehen. Dennoch ist für die Wiedererkennung die Corporate Identity der Agentur einzubeziehen. Damit kann Roth & Lorenz als mittelständisches Unternehmen seine Attraktivität als Arbeitgeber präsentieren.[249]

5.4.2.2 Online Jobbörsen

Die Jobbörsen, die für die Personalbeschaffung der Agentur Roth & Lorenz in Frage kommen, lassen sich in nichtkommerzielle und kommerzielle Jobbörsen klassifizieren.

Nichtkommerzielle Jobbörsen

Einige Hochschulen bieten Unternehmen die Möglichkeit, Stellenausschreibungen, die für die jeweiligen Studenten interessant sind, auf der Internetseite der Hochschule zu veröffentlichen. Die Hochschule der Medien in Stuttgart hat dazu eine Praktikums- & Jobbörse eingerichtet, die nur von den Studenten eingesehen werden kann.[250] Die Möglichkeiten, sich als Arbeitgeber zu präsentieren sind eingeschränkter als bei kommerziellen Jobbörsen.[251] Jedoch publiziert Roth & Lorenz seine vakanten Stellen zielgruppenspezifisch und spricht die Nachwuchskräfte aus der Region an. Um den Zielgruppen mehr Informationen und ein umfassendes Bild über den Arbeitgeber Roth & Lorenz zu geben, kann die Agentur auf die Homepage verweisen.

Kommerzielle Jobbörsen

In den letzten Jahren hat sich eine Vielzahl von kommerziellen Jobbörsen entwickelt, in denen Arbeitgeber Präsenz zeigen. So bietet sich die Jobbörse *www.berufsstart.de* an, die im Vergleich zu anderen eine hohe Anzahl an Hochschulabsolventen ohne Berufserfahrung vorweist[252] und sich auf diese Zielgruppe spezialisiert hat.[253] *Berufstart.de* will mit dieser Jobbörse vor allem kleine und mittelständische Unternehmen ansprechen und ihnen eine Plattform bieten, sich kostenlos als Arbeitgeber zu positionieren.[254] Unternehmen können auf *berufsstart.de* unter anderem Praktikantenstellen, Abschlussarbeiten aber

---

[249] Vgl. Zugehör 2009, S.174

[250] Siehe: http://www.hdm-stuttgart.de/stellenboersen/

[251] Vgl. Reisinger 2010, S.43

[252] Vgl. Gutmann 2002, S.207ff.

[253] Vgl. Beck 2002, S.38

[254] Vgl. Klaus Resch Verlags KG o.J., o.S.

auch vakante Positionen für Berufseinsteiger veröffentlichen. 42% der Bewerber gehören dem wirtschaftlichen Fachbereich an, wobei die Mehrheit im Marketing angesiedelt ist. Die Nutzer der Jobbörse suchen hauptsächlich während des Studiums nach Möglichkeiten Praxiserfahrungen zu bekommen, so dass sie nach vakanten Positionen für Praktikanten oder Werksstudenten suchen. Andere Nutzer haben ihr Studium bereits beendet und suchen nach einer Traineestelle oder nach einem Unternehmen für die erste Festanstellung.[255] Da die Agentur ein großes Interesse an dieser Zielgruppe hat, ist eine Stellenanzeige auf der Seite zu empfehlen.

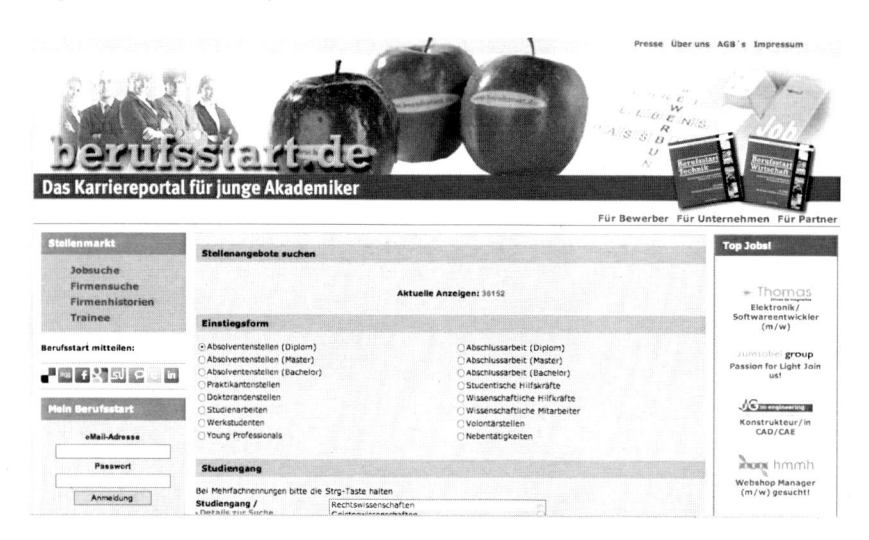

Abbildung 16: Spezifische Jobbörse berufsstart.de[256]

Die Stellenanzeigen folgen bei *berufsstart.de* einem vorgegebenen Muster seitens der Jobbörse. Neben der Aufgabenbeschreibung und den gewünschten Qualifikationen kann die Agentur Angaben zur Dauer und Vergütung der Stelle machen. Da die Anzeigen ohne Bilder gestaltet sind und wenig Raum für eine eigene Gestaltung lassen, ist ein Verweis auf die eigene Homepage ratsam.

---

[255] Vgl. Klaus Resch Verlag KG o.J., o.S.

[256] http://www.berufsstart.de/jobsuche.html, Zugriff am 30.06.2011

5.4.3 Social Media

Die Befragung der Personalverantwortlichen ergab, dass vor allem das soziale Netzwerk *facebook* für die Kommunikation mit der Zielgruppe und der Publikation der vakanten Stellen interessant ist. Die Zielgruppe der Agentur ist vor allem auf der *facebook* aktiv, weshalb sich eine Präsenz auf dieser Plattform lohnt und ein wichtiger Faktor für die Darstellung der Arbeitgebermarke ist.

Werbung auf *facebook*

Ein Instrument um die Aufmerksamkeit der Zielgruppe auf die Agentur zu lenken ist die pay-per-Click Werbung auf *facebook*. Facebook eignet sich hierfür, da diese Plattform vor allem von der Generation Y genutzt wird (Vgl. Abb.17).

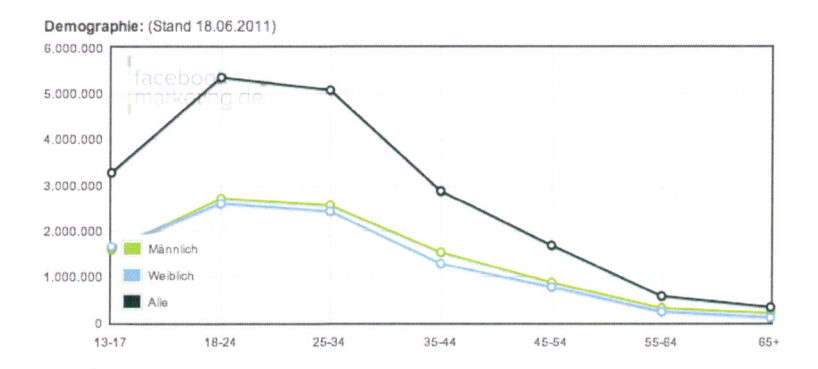

Abbildung 17: Demographie der facebook-Nutzer in Deutschland[257]

Die Anzeige erscheint nur in der festgelegten Zielgruppe der Agentur und kann deren Bekanntheit innerhalb der Zielgruppe steigern. Dabei gibt die Agentur die URL der Unternehmenshomepage als Zieladresse ein, auf welche die Zielgruppe gelenkt werden soll. Im Anschluss kann ein kleines Bild hochgeladen und eine Überschrift mit einem kurzen Anzeigentext angegeben werden. Dieser soll die Zielgruppe möglichst konkret informieren und neugierig machen. Im Rahmen des Targeting muss die Agentur Angaben über diejenigen Menschen machen, die sie mit der Anzeige ansprechen will. Dies betrifft für die Personalbeschaffung sowohl den Wohnort als auch das Alter, den Bildungsabschluss

---

[257] http://allfacebook.de/tag/demographie, Zugriff am 19.06.2011

oder eine Eingrenzung zur Branche. Je genauer die Zielgruppe angegeben wird, desto geringer sind die Streuverluste.

Facebook-Seite

Auf der bestehenden *facebook*-Seite der Agentur kann ein zusätzlicher Reiter „Jobs" hinzugefügt werden, der sich an potenzielle Bewerber richtet. Hier veröffentlicht die Agentur vakante Stellen. Gleichzeitig postet die Agentur ein Bild, dass die Zielgruppe bei der Arbeit in der Agentur zeigt und mit dem Aufgabenspektrum der offenen Stelle übereinstimmt. Die Zielgruppe kann auf diesem Reiter mit den Personalverantwortlichen in Kontakt treten und beispielsweise ihre Fragen bezüglich des Bewerbungsprozesses stellen. So konzentriert sich die Kommunikation über Roth & Lorenz als Arbeitgeber auf diese Seite.

Die Zielgruppe erwartet auf der *facebook*-Seite jedoch von den Verantwortlichen, dass möglichst zeitnah auf die eingestellten Fragen eingegangen wird. Neben dem Kontakt mit der Personalabteilung können die eigenen Nachwuchskräfte ihre Erfahrungen in kurzen Postings mitteilen und so ein authentisches Bild des Arbeitsalltags in der Agentur vermitteln. Dabei ist es wichtig, Nachwuchskräfte aus verschiedenen Abteilungen schreiben zu lassen, so dass ein möglichst umfassendes Bild gegeben wird. Die Einträge ähneln einem Blog, der kontinuierlich weitergeführt werden sollte. Um dem Mediennutzungsverhalten der Generation Y gerecht zu werden, können sich die Einträge in ihrer Form unterscheiden. Zum einen können Bilder eingebunden werden. Aber auch kleinere Videos oder Audiodateien, die den Arbeitsalltag beschreiben, sind denkbar. Die Medien gestalten die Kommunikation abwechslungsreich und geben der Agentur ein persönliches Erscheinungsbild. Die Mitarbeiter in der Agentur, die für die Kommunikation auf der Plattform zuständig sind, haben sich an festgelegte Richtlinien zu halten, um ein einheitliche Außenwirkung zu gewährleisten.[258] Für Zusatzinformationen ist ein Link zur Homepage der Agentur eingerichtet.

---

[258] Vgl. Interne Richtlinien für die Kommunikation auf facebook, Anhang B, S.A-12

6 Zusammenfassung und Fazit

Die Zielgruppe der Nachwuchskräfte ist nicht ausschließlich über die klassischen Methoden des Recruitings zu erreichen. Jedoch bieten sie für Unternehmen eine erste Möglichkeit, sich nachhaltig zu präsentieren. Printmedien dienen dabei beispielsweise der Vermittlung von Informationen. Hochschulmarketing verhilft dem Unternehmen in der Zielgruppe, neben den Konkurrenten aufzufallen. Gleichwohl zeigt sich, dass Unternehmen jeder Größe versuchen, ihre Zielgruppe über mehrere Kanäle zu erreichen, um sich als Arbeitgeber zu positionieren. Dabei ist festzustellen, dass das Internet für Unternehmen bei der Personalsuche ein wichtiges Medium geworden ist. Es hat sich als Recruiting-Kanal etabliert. Die klassischen Medien werden ergänzend eingesetzt.

Denn besonders für kleine oder mittelständische Unternehmen reicht es nicht aus, im Internet und speziell auf Social Media Seiten Präsenz zu zeigen. Das mittelständische Unternehmen muss zunächst den Fokus darauf legen, als attraktiver Arbeitgeber von der Zielgruppe wahrgenommen zu werden. Dazu braucht es klassische Methoden, welche die Zielgruppe direkt ansprechen und auf das Unternehmen aufmerksam machen. Diese holt sich so möglicherweise zusätzliche Informationen im Internet und nutzt Social Media Seiten, um mit dem Unternehmen in Kontakt zu treten. Dabei gewinnt die schnelle Kommunikation mit Personalverantwortlichen an Bedeutung.

Mit der Präsenz auf einer Social Media Plattform geht die Erwartung seitens der Zielgruppe einher, möglichst schnell Antworten auf die eingestellten Fragen zu bekommen. Die Sozialen Netzwerke, besonders *facebook*, eignen sich zur Kommunikation mit Nachwuchskräften und werden von Unternehmen in der Kommunikationsbranche derzeit schon verwendet. Für die Kommunikation mit Führungskräften sind Social Media Seiten, insbesondere Businessnetzwerke, von großer Bedeutung, da ein Personaler hier selbst direkt, wie ein Headhunter, nach interessanten Kandidaten suchen kann.

Da die Digitalisierung weiter voranschreitet und besonders das Internet als Kommunikationsmedium an Bedeutung gewinnt, werden die Personalverantwortlichen ihre Methoden mehr auf das Nutzungsverhalten der Zielgruppe richten müssen, um im War of Talents interessante Kandidaten für sich gewinnen zu können. Andere Formen von Social Media, im Hinblick auf die Personalbeschaffung werden meist nur ergänzend eingesetzt. So nutzen viele Unternehmen Videos auf ihrer Homepage, die sie zusätzlich auf einer Videoplattform platzieren. Bei Social Media Formen wie Videos, Blogs oder die Teilnahme in spezifischen Foren geht es den Unternehmen meist um Employer Branding Maßnahmen. Diese eignen sich neben den klassischen Methoden, um bei der Zielgruppe Interesse für das Unternehmen zu wecken und eine authentische Außenwirkung zu erreichen. Hierzu werden vor allem Bilder und eigene Mitarbeiter eingesetzt, die Unternehmensinformationen glaubwürdig weitergeben. Gefällt der Zielgruppe beispielsweise ein Beitrag des Unternehmens in einem Blog, gibt die Generation Y den Content meist an Freunde weiter. Dies geschieht zum Beispiel in *facebook* über den „Gefällt-mir" Button. Die Zielgruppe dient so als Multiplikator, so dass der eigene Beitrag mehr potenzielle Bewerber erreicht.

Für die eigentliche Personalbeschaffung sind jedoch hauptsächlich Soziale Netzwerke und Businessnetzwerke geeignet, die sowohl für die aktive Kandidatensuche als auch für die passive Methode einsetzbar sind. Für die Personalverantwortlichen bringt diese Methode neue Herausforderungen mit sich. So müssen diese täglich Zeit einplanen, um der Zielgruppe neue Inhalte und Feedback auf den Social Media Plattformen zu bieten. Des Weiteren sollte trotz der öffentlichen Kommunikation der Datenschutz gewährleistet sein und bei persönlichen Anliegen mithilfe von Privatnachrichten in den Netzwerken kommuniziert werden. Besonders die Unternehmen der Kommunikationsbranchen sollten ihre Kommunikation durch viele Medien hinweg gestalten.

Die Personalbeschaffung über Social Media stärkt gleichzeitig das Image des Unternehmens. So ist deren Zielgruppe sehr medienaffin und erwartet von Kommunikationsunternehmen, dass diese die neuen Medien nutzen und auch in Social Media präsent sind. Offen bleibt, in wieweit Social Media für die Personalbeschaffung bereits in mittelständischen Unternehmen anderer Branchen genutzt wird. Insgesamt kann festgestellt werden, dass Social Media für die Personalbeschaffung ein großes Potential bietet. Einerseits können diese neuen Plattformen von Unternehmen als Employer Branding Maßnahme betrachtet werden. Dabei bezieht es die Zielgruppe mit ein und regt letztendlich einen gegenseitigen Austausch an. Andererseits bietet es für die Personalbeschaffung viele Möglichkeiten, um ein authentisches Arbeitgeberbild zu vermitteln, eine große Anzahl interessanter Bewerbungen zu generieren und die Fluktuation zu verringern. Somit sollten Unternehmen, welche besonders Nachwuchskräfte ansprechen wollen, in Social Media aktiv sein.

Literatur

Bücher und Zeitschriften

Albe 2002 — Albert, Ruth; Koster, Cor J.: Empirie in Linguistik und Sprachlehrforschung. Ein methodologisches Arbeitsbuch. 1. Auflage, Tübingen, Gunter Narr Verlag, 2002

Ahle 1994 — Ahlers, Friedel: Strategische Nachwuchskräfterekrutierung über Hochschulkontakte. Empfehlungen zum Management personalbeschaffungsorientierter Hochschulkontakte auf Grundlage einer Unternehmensbefragung. 1. Auflage, München und Mering, Rainer Hampp Verlag, 1994

Beck 2002 — Beck, Christoph: Professionelles E-Recruitment. Strategien Instrumente Beispiele. 1. Auflage, Neuwied, Hermann Luchterhand Verlag GmbH, 2002

Beck 2008 — Beck, Christoph: Personalmarketing 2.0. Vom Employer Branding zum Recruiting. 1. Auflage, Köln, Wolters Kluwer Deutschland GmbH, 2008

Beck 2011 — Beck, Christoph: „Plädoyer für einen Wandel", in: Straub, Reiner (Hg.): Personalmagazin. Management, Recht und Organisation. 5. Auflage. Freiburg, 2011

Bern 2011 — Bernauer, Dominik; Hesse, Gero; Laick, Steffen; Schmitz, Bernd: Social Media im Personalmarketing. Erfolgreich in Netzwerken kommunizieren. 1. Auflage, Köln, Wolters Kluwer Deutschland GmbH, 2011

Birk 2010	Birkfeld, Manuel: E-Recruiting durch aktive Kandidatensuche. Empfehlungen für den Aufbau einer attraktiven Absolventenplattform am Beispiel der TU Ilmenau. 1. Auflage, Saarbrücken, VDM Verlag Dr. Müller, 2010
Burr 2008	Burrack, Heiko; Nöcker, Ralf: Vom Pitch zum Award. Wie Werbung gemacht wird Insights in eine ungewöhnliche Branche. 1. Auflage, Frankfurt am Main, F.A.Z.- Institut für Management-, Markt- und Medieninformationen GmbH, 2008
Bruh 2010	Bruhn, Manfred: Marketing. Grundlagen für Studium und Praxis. 10. Auflage, Wiesbaden, Gabler Verlag Springer Fachmedien Wiesbaden GmbH, 2010
Cisi 2001	Cisik, Alexander: Stellenmärkte im Internet, in Pepels Werner: Erfolgreiche Personalwerbung in Medien. 1. Auflage, München, Oldenbourg Wissenschaftsverlag, 2001
Clef 2010	Cleffmann, Lutz; Feuerabend, Anja; Howald, Fred; Kollmann, Christian: ECCO Social Media Report. Die Integration von Social Media in die Unternehmenskommunikation. 2. Auflage, Norderstedt, Books on Demand GmbH, 2010
Dehl 2009	Dehlsen, Mariana; Franke, Carsten: Employee Branding. Mitarbeiter als Botschafter der Arbeitgebermarke, in: Trost, Armin: Employer Branding. Arbeitgeber positionieren und präsentieren. 1. Auflage, Köln, Wolter Kluwer Deutschland GmbH, 2009
Dier 2008	Diercks, Joachim: Fallstudie. Kombination aus virtuellem Unternehmensrundgang und eAssessment bei Tchibo, in: Beck, Christoph: Personalmarketing 2.0. Vom Employer Branding zum Recruiting. 1. Auflage, Köln, Wolters Kluwer Deutschland GmbH, 2008

Eckl 2002   Eckl, Michael; Finke Alexandra: Evolution E-Recruitment. Das Internet als Rekrutierungsmedium, in: Hünninghausen, Lars: Die Besten gehen ins Netz. Report E-Recruitment: Innovative Wege bei der Personalauswahl. Spezial-Ausgabe, Düsseldorf, Symposion Publishing GmbH, 2002

Eger 2009   Eger, Michael; Frickenschmidt, Sören: Die Karrierewebsite. Verbindung zwischen Employer Branding und Recruiting, in: Trost, Armin: Employer Branding. Arbeitgeber positionieren und präsentieren. 1. Auflage, Köln, Wolter Kluwer Deutschland GmbH, 2009

Egge 2001   Eggert, Ferdinand; Nitzsche Alexander: Erfolgreiche Personalwerbung durch E-Cruiting, in: Pepels Werner: Erfolgreiche Personalwerbung in Medien. 1. Auflage, München, Oldenbourg Wissenschaftsverlag, 2001

Eise 2006   Eisele, Stefan: Online-Recruiting: Strategien, Instrumente, Perspektiven. 1. Auflage, Saarbrücken, VDM Verlag Dr. Müller, 2006

Fedo 2009   Fedossov, Alexander; Kirchner, Jan: Online-Personalsuche. Praxishandbuch für aktive Personalbeschaffung im Internet. 1. Auflage, Norderstedt, Books on Demand, 2009

Gesc 2002   Geschwill, Roland; Schuhmacher Florian: Employer Branding. Human Resource Management für die Unternehmensführung. 1. Auflage. Wiesbaden, Betriebswirtschaftlicher Verlag Dr. Th. Gabler, 2002

Groh 2011   Grohe, Dr. Prof. Martin: Social Media Recruiting im Praxiseinsatz, in: Bernauer, Dominik; Hesse, Gero; Laick, Steffen; Schmitz, Bernd: Social Media im Personalmarketing. Erfolgreich in Netzwerken kommunizieren. 1. Auflage, Köln, Wolters Kluwer Deutschland GmbH, 2011

Groß 2011	Groß, Michael; Weigel, Janina: Einblick. Implementierung einer Karriere-Facebook-Site bei Audi, in: Bernauer, Dominik; Hesse, Gero; Laick, Steffen; Schmitz, Bernd: Social Media im Personalmarketing. Erfolgreich in Netzwerken kommunizieren. 1. Auflage, Köln, Wolters Kluwer Deutschland GmbH, 2011
Gutm 2002	Gutmann, Joachim: Jobbörsen und Karriereportale in Deutschland – Eine Marktübersicht mit Handlungsempfehlungen, in: Hünninghausen, Lars: Die Besten gehen ins Netz. Report E-Recruitment: Innovative Wege bei der Personalauswahl. Spezial-Ausgabe, Düsseldorf, Symposion Publishing GmbH, 2002
Haue 2002	Hauer, Gabriele; Schüller, Achim; Strasmann, Jochen: Kompetentes Human Resources Management. Lösungen für Personalverantwortliche in einer veränderten Unternehmenswelt. 1. Auflage. Wiesbaden, Betriebswirtschaftlicher Verlag Dr. Th. Gabler, 2002
Herm 2009	Hermann, Marc A.; Pifko, Clarisse: Personalmanagement. Theorie und zahlreiche Beispiele aus der Praxis. 2. aktualisierte Auflage, Zürich, Compendio Bildungsmedien AG, 2009
Hess 2008	Hesse, Gero: Bertelsmann AG. Create Your Own Career, in: Trost, Armin (Hrsg.): Employer Branding. Arbeitgeber positionieren und präsentieren. 1. Auflage, Köln, Wolter Kluwer Deutschland GmbH, 2008
Heym 2011	Heymann-Reder, Dorothea: Social Media Marketing. Erfolgreiche Strategien für Sie und Ihr Unternehmen. 1. Auflage, München, Addison-Wesley Verlag, 2011
Hors 2002	Horster, Klaus; Richter, Jochen: Die Besten gehen ins Netz, in: Hünninghausen, Lars: Die Besten gehen ins Netz. Report E-Recruitment: Innovative Wege bei der Personalauswahl. 2. Auflage, Düsseldorf, Symposion Publishing GmbH, 2002

Hube 2010	Huber, Melanie: Kommunikation im Web 2.0. Twitter, Facebook & Co. 2. überarbeitete Auflage, Konstanz, UVK Verlagsgesellschaft, 2010
Hünn 2002	Hünninghausen, Lars: Die Besten gehen ins Netz. Report E-Recruitment: Innovative Wege bei der Personalauswahl. Spezial-Ausgabe, Düsseldorf, Symposion Publishing GmbH, 2002
Jäge 2008	Jäger, Wolfgang: Die Zukunft im Recruiting: Web 2.0. Mobile Media- und Personalkommunikation, in: Beck, Christoph: Personalmarketing 2.0. Vom Employer Branding zum Recruiting. 1. Auflage, Köln, Wolters Kluwer Deutschland GmbH, 2008
Jung 2008	Jung, Hans: „Personalwirtschaft". 8. Auflage, Oldenbourg, Oldenbourg Wissenschaftsverlag GmbH, 2008
Knap 2010	Knapp, Eckhard: Rekrutierungsmanagement. Erfolgreiche Mitarbeitergewinnung für Unternehmen. 1. Auflage, Berlin, Erich Schmidt Verlag GmbH & Co., 2010
Krim 2010	Krimphove, Dieter; Schmeisser, Wilhelm: Internationale Personalwirtschaft und Internationales Arbeitsrecht. 1. Auflage, München, Oldenbourg Wissenschaftsverlag GmbH, 2010
Krop 2001	Kropp, Waldemar: Systematische Personalwirtschaft. 2. unwesentlich veränderte Auflage, München, Oldenbourg Wissenschaftsverlag GmbH, 2001
Kürn 2008	Kürn, Hans-Christoph: Kandidaten dort abholen, wo sie sind. Wie das Web 2.0 das Recruiting und Personalmarketing verändert, in: Trost, Armin (Hrsg.): Employer Branding. Arbeitgeber positionieren und präsentieren. 1. Auflage, Köln, Wolter Kluwer Deutschland GmbH, 2008

Pepe 2001	Pepels Werner: Erfolgreiche Personalwerbung in Medien. 1. Auflage, München, Oldenbourg Wissenschaftsverlag, 2001
Pütt 2008	Püttjer Christian; Schnierda Uwe: Das große Bewerbungshandbuch. Limitierte Sonderausgabe, Frankfurt am Main, Campus Verlag GmbH, 2008
Reis 2010	Reisinger, Thomas: E-Recruiting. Personalbeschaffung über das Internet. 1. Auflage, Saarbrücken, VDM Verlag Dr. Müller Aktiengesellschaft & Co. KG, 2010
Schm 2007	Schmidt, Simone: Hochschulmarketing. Grundlagen, Konzepte, Perspektiven. 1. Auflage, Düsseldorf, VDM Verlag Dr. Müller, 2007
Suda 2008	Sudar, Bettina: Warum die großen Online-Stellenbörsen auch im Personalmarketing 2.0 eine entscheidende Rolle spielen werden, in: Beck, Christoph: Personalmarketing 2.0. Vom Employer Branding zum Recruiting. 1. Auflage, Köln, Wolters Kluwer Deutschland GmbH, 2008
Teet 2008	Teetz, Thomas: Hochschulmessen. Markt für Karrieren?, in Beck, Christoph: Personalmarketing 2.0. Vom Employer Branding zum Recruiting. 1. Auflage, Köln, Wolters Kluwer Deutschland GmbH, 2008
Wein 2010	Weinberg, Tamar (2010): Social Media Marketing. Strategien für Twitter, Facebook & Co. Übers. von Dorothea Heymann-Reder. Köln, [Orig.: The New Community Rules: Marketing on the Social Web. 2009]
Zarr 2010	Zarrella, Dan: Das Social Media Marketing Buch. 1. Auflage, Köln, O'Reilly Verlag, 2010

Zuge 2009	Zugehör, Rainer: Im Rampenlicht: Webvideos als Instrument der Personalrekrutierung, in: Trost, Armin: Employer Branding. Arbeitgeber positionieren und präsentieren. 1. Auflage, Köln, Wolter Kluwer Deutschland GmbH, 2009

Internetquellen

Allf 2011	Allfacebook (2011): Facebook Nutzerdaten Deutschland (Stand 04.06.2011). URL: http://allfacebook.de/userdata/ [Stand: 06.06.2011]
Berg 2011	Berg, Achim (2011): Soziale Netzwerke in Deutschland. URL: http://www.bitkom.org/67675_67667.aspx [Stand: 05.05.2011]
BITK 2011	BITKOM e.V. (2011): Web 2.0-Nutzung. URL: http://www.bitkom.org/de/markt_statistik/64018_65230.aspx [Stand: 30.04.2011]
BITK 2011	BITKOM e.V. (2011): Pressekonferenz. Soziale Netzwerke in Deutschland. URL: http://www.bitkom.org/files/documents/PK_Praesentation_Social_media.pdf [Stand: 06.06.2011]
Fedo 2011	Fedossov, Alexander; Kärcher, Tobias; Kirchner, Jan (2011): Facebook Personalmarketing und Recruiting. URL: http://www.wollmilchsau.de/facebook-personalmarketing-und-recruiting/ [Stand: 07.06.2011]

HRMR 2011   HRM Research Institute GmbH: Pre-Employment-Screening. URL: http://www.hrm.de/SITEFORUM?&t=/Default/gateway&i=1169747 321057&application=story&active=no&ParentID=1169812876510 &StoryID=1244027221157&xref=http%3A//www.google.de/search %3Fclient%3Dsafari%26rls%3Den%26q%3DPre-Employment-Screenings%26ie%3DUTF-8%26oe%3DUTF-8%26redir_esc%3D%26ei%3D2urwTfKyJcXt-gaZ8ajDAw [Stand: 09.06.2011]

Kell 2010   Keller, Philip (2010): Neue Arbeitnehmerdatenschutzrechte – Verschärfte Regeln für interne Kontrollen!. URL: http://www.unternehmer.de/neue-arbeitnehmerdatenschutzrechte-—verscharfte-regeln-fur-interne-kontrollen-87933 [Stand: 09.06.2011]

Klau o.J.   Klaus Resch Verlag KG: Mediadaten. Mediadaten von berufsstar.de. URL: http://www.berufsstart.de/unternehmensbereichmediadaten/ [Stand: 17.06.2011]

Klau o.J.   Klaus Resch Verlags KG: Unternehmensbereich von Berufsstart. Anzeigen veröffentlichen. URL: http://www.berufsstart.de/unternehmensbereich/ [Stand: 17.06.2011]

Pfeif 2011   Pfeiffer, Thomas (2011): 480.000 Twitternutzende im März 2011. URL: http://webevangelisten.de/480-000-twitternutzende-im-maerz-2011/ [Stand: 30.05.2011]

Ried 2011   Rieder, Peter (2011): Facebook Karriereseiten auf dem Vormarsch. URL: http://www.hrweb.at/2011/05/facebook-karriereseiten/ [Stand: 06.06.2011]

Roth 2011   Roth & Lorenz GmbH (2011): Fakten. URL: http://rothundlorenz.de/#/fakten [Stand:16.06.2011]

Stat 2011   Statistische Ämter des Bundes und der Länder (2011): Bevölkerungs- und Haushaltsentwicklung im Bund und in den Ländern. URL: http://www.destatis.de/jetspeed/portal/cms/Sites/destatis/Internet/DE/Content/Publikationen/Fachveroeffentlichungen/Bevoelkerung/VorausberechnungBevoelkerung/BevoelkerungsHaushaltsentwicklung5871101119004,property=file.pdf [Stand: 01.07.2011]

UNIC 2011   UNICUM Verlag GmbH & Co.KG (2011): UNICUM. Personalmarketing 2011. URL: http://www.unicum-verlag.de/files/2/9/38/UNICUM_Mediadaten_Personalmarketing_2011.pdf [Stand:17.06.2011]

Uniw o.J.   Uniworkers GmbH: Virtuelle 3D Recruitingsmessen. URL: http://www.competence-site.de/downloads/2f/79/i_file_9031/E-cruiting2000%20für%20Vorträge.pdf [Stand: 24.05.2011]

Werb 2011   Werben&Verkaufen (2011): Holtzbrinck erwägt Verkauf der VZ-Netzwerke. URL: http://www.wuv.de/layout/set/print/nachrichten/digital/holtzbrinck_erwaegt_verkauf_der_vz_netzwerke [Stand: 21.06.2011]

Xing 2010   Xing AG (2010): Xing Mediadaten. Deutschland Österreich Schweiz (Dach). URL: http://www.adconion.com/files/de-DE/download/exklusiv/XING_Mediadaten_DE_Januar%202011.pdf [Stand: 19.06.2011]

Zurj 2009   Zur Jacobsmühlen, Thorsten (2009): Kleine Twitterschule Teil 3 – Jobs. URL: http://www.blogaboutjob.de/2945/kleine-twitterschule-teil-3-jobs/ [Stand: 01.06.2011]

Zurj 2009   Zur Jacobsmühlen, Thorsten (2010): Social Media Report HR 2010. URL: http://www.wirtschaftsblatt.at/images/uploads/0/6/d/409709/social_media_report_hr_201020100224151102.pdf [Stand:08.06.2011]

Anhang

A: Empirische Studie .... A-I

    1. Fragebogen für die empirische Untersuchung............................ A-1
    2. Auswertung der empirischen Untersuchung.............................. A-6

B: Die Agentur Roth & Lorenz .... A-III

    1. Organigramm... A-11
    2. Interne Richtlinien für die Kommunikation auf *facebook*.............. A-12

Anhang A: Empirische Studie

1. Fragebogen für die empirische Untersuchung

Fragebogen zum Thema „Personalbeschaffung durch Social Media unter besonderer Berücksichtigung der Kommunikationsbranche"

1. Wie viele Mitarbeiter sind in Ihrem Unternehmen tätig?

    Anzahl Mitarbeiter

2. Wie viele Mitarbeiter planen Sie in den nächsten drei Jahren einzustellen? Gewichtung in %

    Anzahl Mitarbeiter

Auszubildende   %

Studenten/ Young Professionals   %

Feste Mitarbeiter   %

Führungskräfte   %

Die genaue Planung ist noch nicht absehbar. ☐

3. Welche Methoden der Personalbeschaffung haben für Sie einen besonders hohen Stellenwert? Gewichtung in %:

Stand heute   **Stand Planung in den nächsten 3 Jahren**

☐ % Printmedien   ☐ % Printmedien

☐ % Radio-Spots   ☐ % Radio-Spots

☐ % Recruiting-Messen   ☐ % Recruiting-Messen

☐ % Hochschulmarketing   ☐ % Hochschulmarketing

☐ % Eigene Homepage   ☐ % Eigene Homepage

☐ % Jobbörsen   ☐ % Jobbörsen

☐ % Karriereseiten   ☐ % Karriereseiten

☐ % Headhunter/ Personalberater   ☐ % Headhunter/ Personalberater

☐ % Andere: ☐ % Andere:

4. Nutzen Sie bereits Social Media Kanäle für die Personalbeschaffung?

☐ Nein, aus folgendem Grund: ☐ Ja, mit folgendem Erfolg:

5. Welche Vorteile sehen sie in der Personalbeschaffung durch Social Media?

Vorteil	Trifft völlig zu	Trifft zu	Trifft eher nicht zu	Trifft gar nicht zu
Reduzierung der Kosten	☐	☐	☐	☐
Zeitersparnis bei der Einstellung	☐	☐	☐	☐
Steigerung der Bekanntheit des Unternehmens	☐	☐	☐	☐
Größere Reichweite	☐	☐	☐	☐
Mehr Freiheit in der Anzeigengestaltung	☐	☐	☐	☐
Imageförderung	☐	☐	☐	☐
Internationalität	☐	☐	☐	☐
Gezieltere Ansprache geeigneter Kandidaten	☐	☐	☐	☐
Andere:	☐	☐	☐	☐

6. Welche Social Media Kanäle nutzen Sie zur Ansprache welcher Zielgruppe?

	Auszubildende	Studenten/ Young Professionals	Feste Mitarbeiter	Führungskräfte
facebook	☐	☐	☐	☐
VZ-Netzwerke	☐	☐	☐	☐
Unternehmensblog	☐	☐	☐	☐
Twitter	☐	☐	☐	☐
Xing	☐	☐	☐	☐
LinkedIn	☐	☐	☐	☐
Foren	☐	☐	☐	☐
Videoportale wie YouTube	☐	☐	☐	☐
Karriereseiten	☐	☐	☐	☐
Andere:	☐	☐	☐	☐

7. Mit welchen Kennzahlen messen Sie Ihre Social Media Erfolge?

☐ Reichweite
☐ Häufigkeit der Seitenaufrufe
☐ Verweildauer auf der Homepage
☐ Anzahl Online-Registrierungen
☐ Andere:
☐ Wir führen im Social Media Bereich keine Erfolgsmessungen durch.

2. Auswertung der empirischen Untersuchung

Mitarbeiter

Die befragten Unternehmen haben in den nächsten Jahren einen hohen Bedarf an festen Mitarbeitern. Gleichzeitig besteht eine hohe Nachfrage an Nachwuchskräften. Im Durchschnitt machen Auszubildende, sowie Studenten/Young Professionals ein Drittel des gesuchten Personals aus:

Mitarbeiterplanung

- Auszubildende: 16,1
- Studenten/Young Professionals: 17,2
- Feste Mitarbeiter: 40,25
- Führungskräfte: 12,75
- Keine genaue Planung vorhanden: 13,7

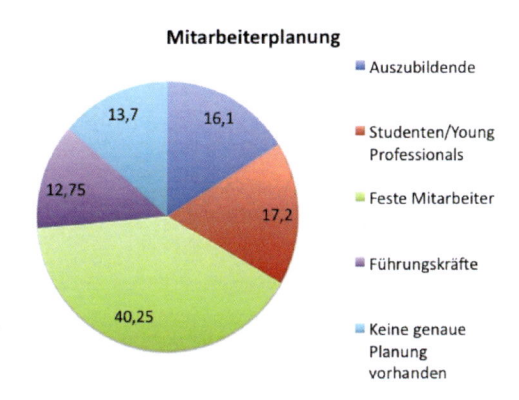

Abbildung 18: Mitarbeiterplanung für die nächsten 3 Jahre (Angaben in %)

Stellenwert der Personalbeschaffungsinstrumente

Die befragten Personen gaben an, dass Printmedien für die Publikation der vakanten Stellen in den nächsten Jahren weniger interessant sind als die Plattformen für die Veröffentlichung im Internet. Die Bedeutung der weiteren Methoden der traditionellen Personalbeschaffung ist nach Meinung der Personalverantwortlichen weiterhin groß. So steigt der Stellenwert der Recruiting-Messen um 3%. Dies ist darauf zurückzuführen, dass sich Unternehmen dort persönlichen ihren potenziellen Bewerbern vorstellen und erste Kontakte geknüpft werden können. Die direkte Ansprache der Zielgruppe ist auch im Rahmen des Hochschulmarketings und durch einen Headhunter oder Personalberater gewährleistet. So finden im klassischen Bereich vor allem Instrumente, welche die Streuverluste möglichst gering halten, besondere Beachtung.

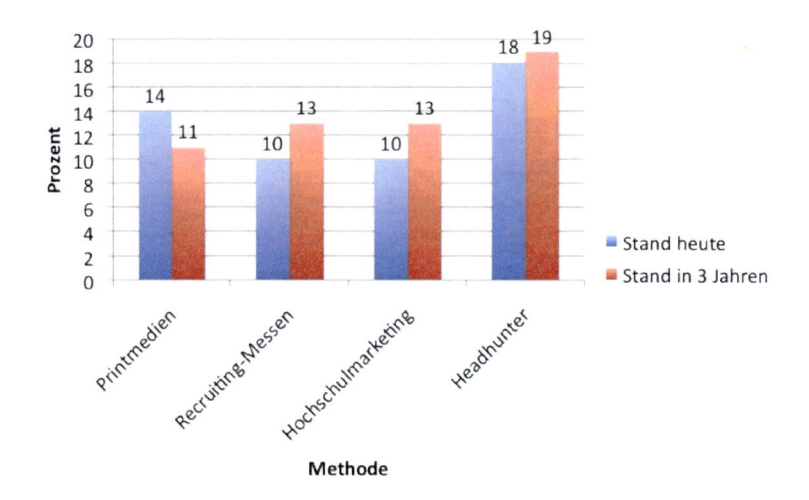

Abbildung 19: Stellenwert der klassischen Methoden der Personalbeschaffung

Vorteile in der Personalbeschaffung durch Social Media

Die folgende Darstellung zeigt die Auswertung der Antwortmöglichkeiten je nach Häufigkeit der jeweiligen Nennung.

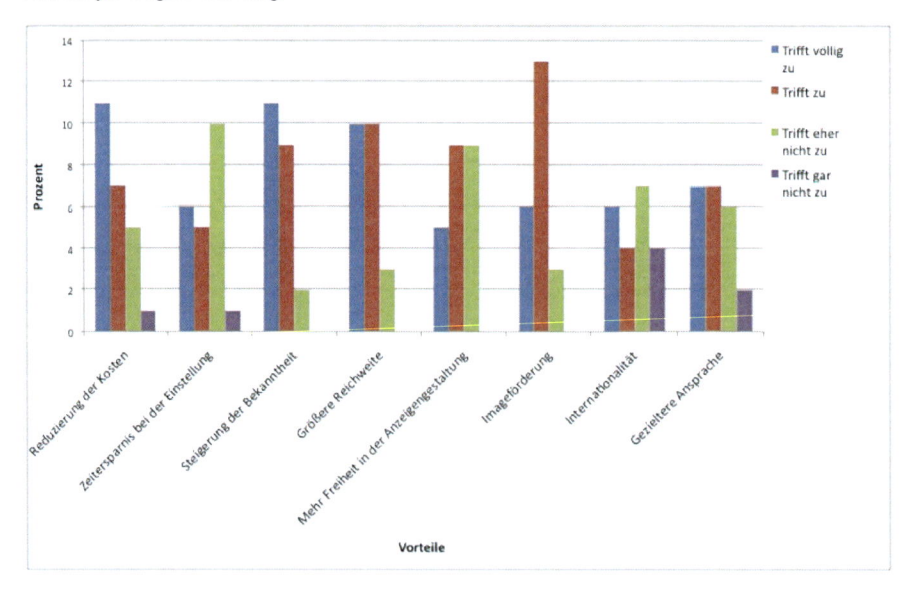

Abbildung 20: Vorteile in der Nutzung von Social Media

Ansprache der Zielgruppen

Die Personalverantwortlichen richten ihre Kommunikation nach der Zielgruppe aus und nutzten dementsprechend jeweils verschiedene Kanäle:

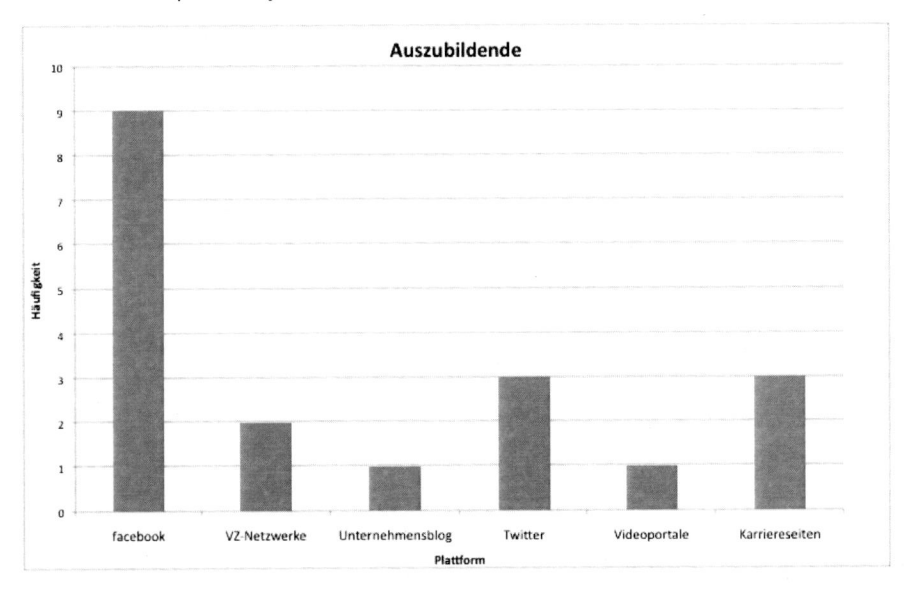

Abbildung 21: Kanäle zur Ansprache der Auszubildenden

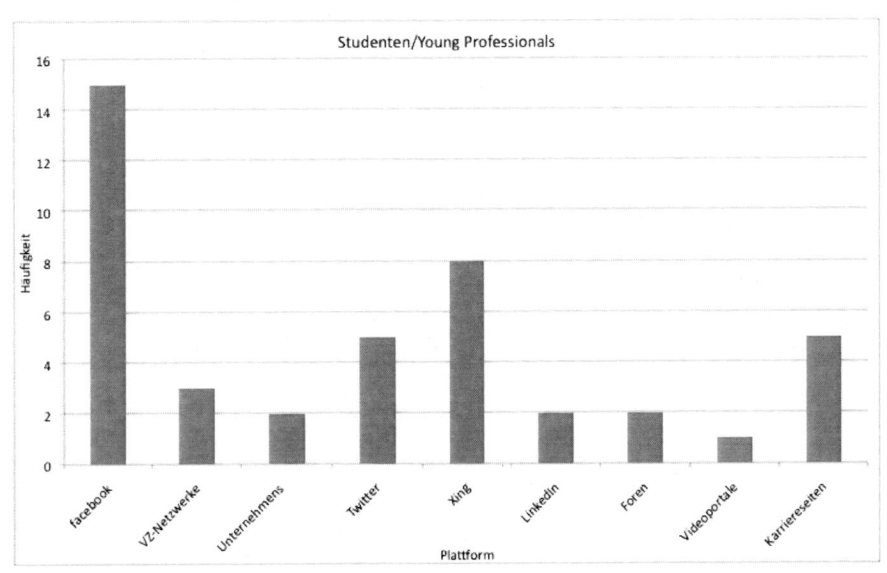

Abbildung 22: Kanäle zur Ansprache der Studenten und Young Professionals

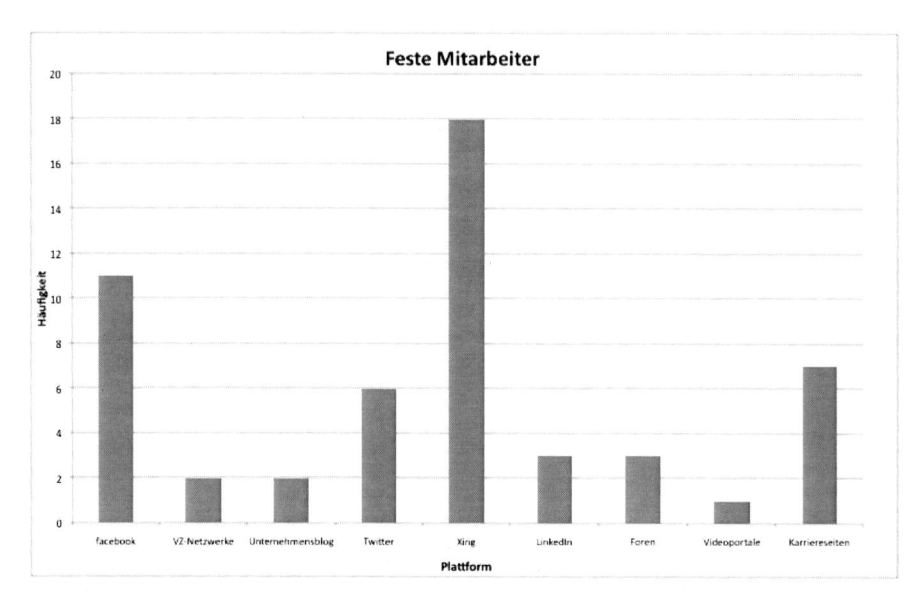

Abbildung 23: Kanäle zur Ansprache der festen Mitarbeiter

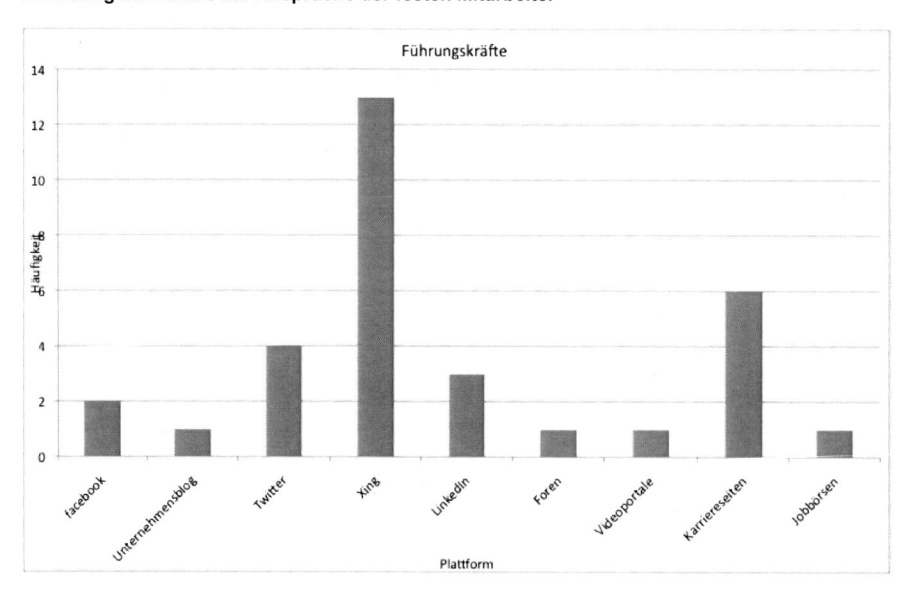

Abbildung 24: Kanäle zur Ansprache der Führungskräfte

Anhang A: Empirische Studie

Messung der Social Media Erfolge

Die Mehrheit der befragten Personalverantwortlichen verwendet die Häufigkeit der Seitenaufrufe um den Erfolg ihrer Tätigkeiten im Social Media Bereich zu messen. 22% der Personaler messen die Verweildauer auf der Unternehmenshomepage von Besuchern die über eine Social Media Seite auf die eigene Seite kamen. Die Anzahl der Online-Registrierungen haben dagegen eine untergeordnete Rolle. Personaler achten dagegen mehr auf die Aktivität auf der jeweiligen Plattform und erkennt durch den Traffic auf der Seite die Resonanz innerhalb der Zielgruppe. 36% der Probanden gaben an keine Erfolgsmessungen im Bereich Social Media Bereich durchzuführen.

Anhang B: Die Agentur Roth & Lorenz

1. Organigramm

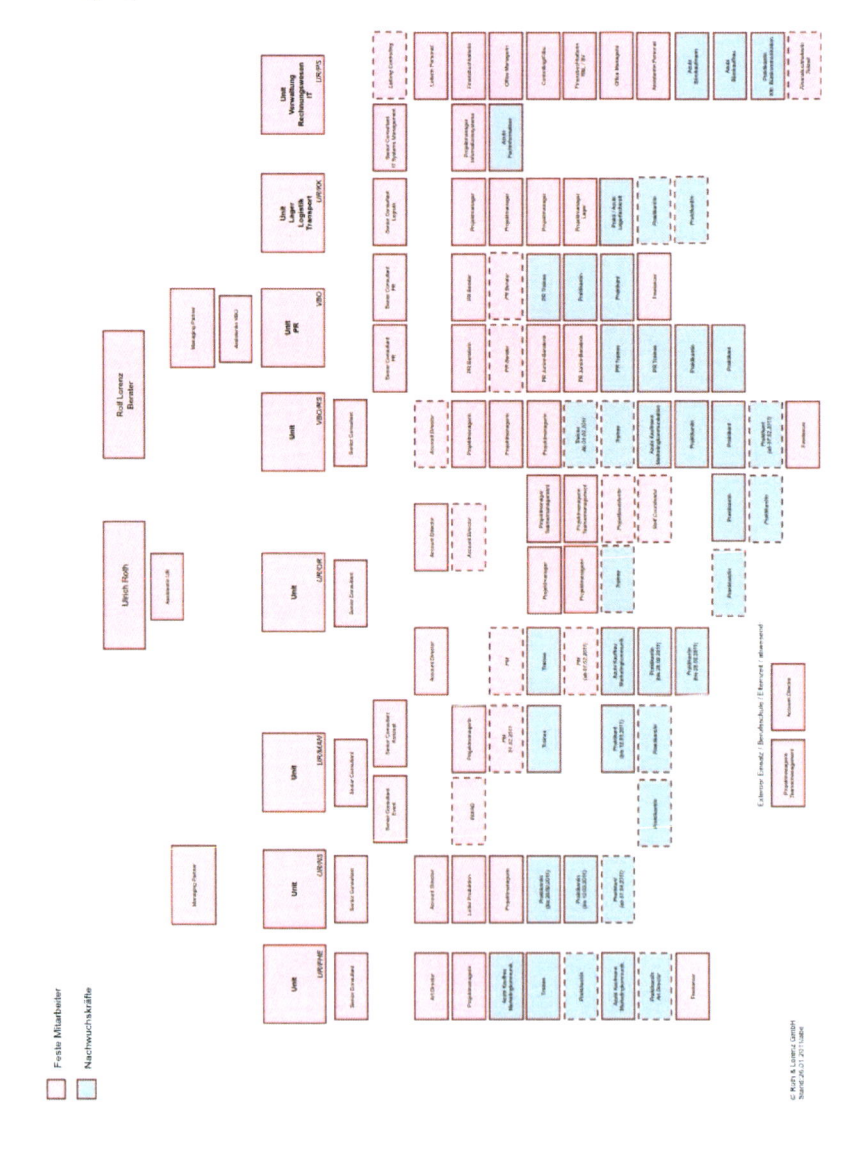

Anhang B: Die Agentur Roth & Lorenz   A-10

2. Interne Richtlinien für die Kommunikation auf *facebook*

Roth & Lorenz

Facebook-Guideline

orthographie
wir verzichten auf großbuchstaben:
schreibt bitte alles klein.
- ausnahme 1: Roth & Lorenz
- ausnahme 2: wir beachten die orthographie-guidelines unserer kunden. Beispiel Coca-Cola: anfangsbuchstaben groß, nie im zeilenumbruch (sofern möglich).

wir hängen nichts an namen:
marken oder unternehmen stehen immer allein.
beispiel: „ein Bosch event" oder „das Mercedes-Benz sponsoring"

wir beachten die deutsche rechtschreibung:
vermeidet fehlschreibung.

sprache & ausdruck
wir fassen uns kurz:
schreibt einfach, kurz, prägnant ähnlich dem telegramm-stil

wir sind charmant:
schreibt wie ihr seid.

wir befinden uns auf augenhöhe:
verzichtet auf didaktische tonfälle – bewertet und belehrt andere nicht oder nur bedingt, mit einem augenzwinkern. vermeidet pseudo-intellektuelle schreibweisen.

wir sprechen deutsch:
massives marketing-denglisch unterstreicht nicht zwangsläufig eure kompetenz und kann im zweifel kontraproduktiv sein.

wir sind nicht vulgär:
verwendet keine kraftausdrücke, schreibt nichts ordinäres, obszönes, anstößiges und verletzendes.

bilder & videos
wir achten auf qualität:
nutzt keine verschwommenen bilder, verwackelte aufnahmen, fotos und videos von schlechter qualität.

wir haben die rechtslage im blick:
beachtet die nutzungs-, lizenz- und persönlichkeitsrechte.

Autorenprofil

Sonja Schneider wurde 1988 in Backnang geboren. Ihr Studium der Angewandten Medienwirtschaft an der Hochschule Mittweida schloss sie im Jahre 2011 mit dem akademischen Grad des Bachelor of Arts erfolgreich ab. Bereits während des Studiums sammelte die Autorin umfassende praktische Erfahrungen in der Kommunikationsbranche. So erweiterte sie ihre Kenntnisse durch ein Praktikum in der PR-Abteilung der renommierten Agentur Roth & Lorenz. Hier entwickelte sie ein besonderes Interesse an der Personalbeschaffung von Nachwuchskräften und der damit verbundenen Kommunikation mit dieser Zielgruppe. Angetan von den Neuen Medien und deren Möglichkeiten beschäftigte sich die Autorin intensiv mit deren Eignung für die Personalbeschaffung und entwickelte in Zeiten des War of Talents eine Recruiting-Strategie für mittelständische Unternehmen.